M. Delaborde. Bibliothèque Impériale.
1870. 11 Avril

Avril 1870

Jeudi 14.
(791 liv.)

# ESTAMPES

ANCIENNES ET MODERNES

# DESSINS

Recueils, Livres à figures anciens et modernes

| Me DELBERGUE-CORMONT | M. LOIZELET |
|---|---|
| COMMISSAIRE-PRISEUR | MARCHAND D'ESTAMPES |
| Rue de Provence, 8. | Rue Visconti, 15. |

PARIS — 1870

Yd1
8

RENOU ET MAULDE
IMPRIMEURS DE LA COMPAGNIE DES COMMISSAIRES-PRISEURS
Rue de Rivoli, 144

# CATALOGUE

D'UNE COLLECTION

# D'ESTAMPES

ANCIENNES ET MODERNES

De diverses Écoles

PIÈCES EN COULEUR, VIGNETTES

## DESSINS

Recueils, Livres à figures anciens et modernes, Elzévirs
Éditions de Hetzel sur papier de Chine

DONT LA VENTE AURA LIEU

HOTEL DES COMMISSAIRES-PRISEURS

RUE DROUOT, 5, SALLE N° 4

AU PREMIER ÉTAGE

Les Lundi 11, Mardi 12, Mercredi 13 et Jeudi 14 Avril 1870

A UNE HEURE

---

**Me DELBERGUE-CORMONT**, Commissaire-Priseur,
rue de Provence, 8,

Assisté de **M. LOIZELET**, marchand d'Estampes,
rue Visconti, 15, au premier.

---

EXPOSITION PUBLIQUE

Le Dimanche 10 Avril 1870, de une heure à quatre heures.

PARIS — 1870

## ORDRE DES VACATIONS

### PREMIÈRE VACATION

*Le Lundi 11 Avril 1870*

Estampes........................ Nos 1 à 219

### DEUXIÈME VACATION

*Le Mardi 12 Avril 1870*

Estampes........................ Nos 220 à 400

### TROISIÈME VACATION

*Le Mercredi 13 Avril 1870*

Estampes........................ Nos 401 à 594 *bis*

### QUATRIÈME VACATION

*Le Jeudi 14 Avril 1870*

Dessins, Recueils, Livres à figures. Nos 595 à la fin.

## CONDITIONS DE LA VENTE

Elle sera faite au comptant.

Les Adjudicataires paieront, en sus des enchères, CINQ POUR CENT applicables aux frais.

M. LOIZELET, dirigeant la vente, se charge des commissions.

# DÉSIGNATION

DES

# ESTAMPES

## ALDEGRAVER

1 — Les Travaux d'Hercule, suite de 13 pièces, y compris la Léda. Belles épreuves.

2 — Aldegraver, Georges Pencz, Beham, Virgile, Solis, etc. 38 pièces.

## ALIX

3 — Charlotte Corday. Belle ép.

4 — Fénelon. — Voltaire. Deux portraits imprimés en couleur.

## ALIX et ALLAIS (A.)

5 — Honoré-Gabriel Mirabeau. Deux portraits imprimés en couleur.

## ANONYME

6 — Dame pêchant à la ligne. Très-belle ép. avant toutes lettres.

## ANONYME

7 — Jeune Femme lisant dans son lit; une soubrette lui apporte une boîte offerte par un galant qui attend à la porte. Très-belle ép. tirée en bistre.

8 — Portrait de Charlotte Corday. Très-belle ép. d'une pièce imprimée en couleur. *Très-rare.*

9 — La Contre-révolution. Défaite des Contre-révolutionnaires, à l'eau-forte. 2 pièces *anciennes et rares.*

10 — Expérience de la machine aérostatique de M. Montgolfier, en 1783. — Les Incroyables, etc. 7 pièces.

11 — M^lle^ Des Faveurs à la promenade de Londres. Entrée du Baron du Caprice chez M^lle^ Des Faveurs. — La Duchesse des Plaisirs allant au Colisée, etc. 8 p. sur les hautes coiffures.

12 — Le Triomphe de la coquetterie. *Pièce curieuse et rare.*

13 — Reines et Princesses de Prusse. 6 portraits in-12, noir et couleur.

## AUBRY-LECOMTE, NOEL (Léon), etc.

14 — Portrait des célébrités contemporaines. 24 pièces.

## AUDRAN (Jean)

15 — Les Batailles d'Alexandre le Grand, d'après Ch. Lebrun, suite de 6 pièces. Très-belles ép.

## AVELINE (Pierre)

16 — Les Sens, suite de 5 pièces. — Jeux divers, par J. Rigaud. En tout 12 pièces.

### BABEL et HABBERMAN

17 — Cartouches, cheminées. 22 pièces.

### BABEL, EISEN, HUQUIER

18 — Ornements divers. 12 pièces.

### BANCE

19 — Portique de l'Exposition (1806), par Bonvalet. Très-belle ép. *Rare.*

### BARTOLOZZI

20 — Charlotte Corday. Très-belle ép. avant toutes lettres, et avec des griffonnements au bas de la planche, dont l'un représente l'assassinat de Marat. *Très-rare.*

### BARTOLOZZI (F.)

21 — Petits Sujets d'ap. A. Kauffman et Ramberg. 10 p. imprimées en bistre.

### BARTOLOZZI

22 — Entrées de Bal, etc. 13 pièces.

### BAUDOUIN

23 — Le Coucher de la Mariée, charmante composition gravée à l'eau-forte par Moreau le jeune, et terminée au burin par Simonet. Magnifique ép. avant la lettre. *Rare.*

## BAUDOUIN

24 — Le Carquois épuisé, par N. Delaunay. Superbe ép. avant la lettre; la marge du haut rapportée.

25 — Le Lever, par Massard. Superbe ép. avant la lettre. Grande marge.

26 — La même pièce, avec la lettre.

27 — La Soirée des Tuileries, par Simonnet. Superbe ép. avant toutes lettres. Toutes marges.

28 — Le Chemin de la Fortune, par Voyez jeune. Sup. ép. avant la lettre. Grandes marges.

29 — Le Modèle honnête, gravé à l'eau-forte par J.-M. Moreau le jeune, et terminé au burin par Simonet. Superbe ép. avant toutes lettres. *Rare.* Grandes marges.

## BEAUMONT (Ed. de)

30 — L'Opéra au XIX^e^ siècle. — Les Vésuviennes, etc. 67 pièces lithographiées.

## BEAUVARLET

31 — Le chaste Joseph, d'après Nattier; la chaste Suzanne, d'après Vien. 2 pièces. Très-belles ép.

## BEIN (J.)

32 — Pygmalion, d'après Girodet-Triozon. Très-belle ép. avant la lettre.

### BÉRAIN

33 — Cheminées, Panneaux, Arabesques, etc. 30 pièces.

### BERGHEM (Nicolas)

34 — Deux pièces de la suite des Boucs et Béliers (B. 49-56). Sup. ép. avant les numéros.

### BERVIC

35 — L'Innocence, d'après Mérimée. Très-belle ép. avant la dédicace.

### BIARD (P.)

36 — Pièce allégorique sur la Statuaire (R. D. 8). Très-belle épreuve du premier état, avant l'adresse F. L. D. Ciartes.

### BINET

37 — La Solitude agréable. — La Nourrice élégante. — — Le Chasseur. — Mongin. — Finis, Pierrot! si l'on nous voyait! — Ah! ah! je vous y prends, etc. 9 pièces.

### BINET (D'après) et autres

38 — Le Chasseur, la Pêche, sujets d'après Boucher, etc. 11 pièces.

### BOILLY (Louis)

39 — L'Amant favorisé. — La Comparaison des petits pieds. *A Paris, chez Fillion et Valmont.* 2 petites pièces en couleur.

## BOILLY

40 — Le Portrait chéri, par Tresca, belle ép. avant la lettre. En couleur.

## BOISSEAU (Chez), à Paris

41 — Profil de l'église de la Sainte-Chapelle. 2 pièces. *Rares.*

## BOISSIEU (J.-J. DE)

42 — Vue des bords de la rivière d'Ain. Superbe ép., tirée avant que l'angle du haut du cuivre à gauche ait été arrondi. Sur chine. *Très-rare.*

## BOIZOT

43 — Monseigneur le Dauphin labourant. Pièce curieuse. Belle ép.

## BONNART

44 — Mlle de la Varenne. — Mme la comtesse de Roüre. — Mme de Seignelay, etc. 7 pièces.

## BONNART et autres

45 — Portraits et Costumes, époque Louis XIV. 33 p.

## BONNET (Louis)

46 — Le Coq secouru. — Le petit Château de cartes, d'ap. Huet. Très-belles ép. en couleur. 2 pièces.

### BONNET (Louis)

47 — Jupiter et Léda. — Jupiter et Danaé. — Vénus et l'Amour dans différentes attitudes. 8 *fac-simile.* d'ap. J. Aug. Léveillé. En bistre.

### BONNET (Chez), à Paris

48 — La Dormeuse. — Le Baiser d'amour. — La Cosa rara. 3 pièces en couleur.

### BOURDET (D'après)

49 — Collection de 24 Vignettes in-8, pour Schiller, Fauchery *direxit.*

### BOSIO

50 — Bal de l'Opéra. Colorié.

51 — La Bouillotte. Colorié.

### BOSSE (Abraham)

52 — Disposition du Festin fait par Sa Majesté à MM. les Chevaliers, après leur création faite à Fontainebleau, le 14 mai 1633. Très-belle ép.

53 — Cérémonie observée au contrat de mariage entre Vladislaus IIII, roi de Pologne, et Louise-Marie de Gonzague, le 25 septembre 1645. Très-belle ép.

### BOUCHARDON, BOUCHER, SAINT-NON, etc.

54 — Vignettes et sujets divers. 21 pièces.

### BOUCHER (François)

55 — Le Calendrier des Vieillards, par De Larmessin.

56 — La Courtisane amoureuse, par le même.

57 — La même pièce.

58 — Jupiter et Léda, par Ryland. Très-belle ép.

59 — Naissance et Triomphe de Vénus, par Daullé. Sup. ép. Grandes marges.

60 — La Bouquetière Fanchonnette. — La Bergère endormie. — Le petit Souffleur, etc. 7 pièces.

61 — La Pêche chinoise. — Groupe d'Enfants. 4 pièces.

62 — Les Amants surpris, par R. Gaillard. Belle ép.

63 — Le Déjeuné, par Lépicié. Très-belle ép.

64 — La Marchande de Modes, par R. Gaillard. Très-belle ép.

65 — Les Comédies de Molière, par L. Cars. 6 pièces.

66 — La Dormeuse. — La Fécondité. — Psyché refusant les honneurs divins, etc. 7 pièces.

67 — La petite Reposée. — Diverses pastorales et sujets d'enfants. 10 pièces.

68 — Triomphe de Priape. — Hommage champêtre, par Cl. Duflos. Arabesques en hauteur. 2 pièces.

### BRÉA (de), *pinx. et sculps.*

69 — M<sup>lle</sup> Renaut l'aînée, de la Comédie italienne. Très-belle ép.

## CÉRONI

70 — M. de Malézieux, Claude Sarrau : double. Collection des émaux de Petitot. 3 portraits avant la lettre. Sur chine.

## CHAMBORD (Comte de)

71 — Santa Maria di Porto Saloo, à Naples. Ep. sur chine. *Rare.*

## CHARDIN (J.-B. Siméon)

72 — La Blanchisseuse, par C.-N. Cochin. Très-belle ép. d'eau-forte.

## CHARLET

73 — Le Grenadier de Waterloo. Le Drapeau défendu. *Lithographie de Lasteyrie.* 2 pièces.

74 — Etudes à l'eau-forte. 4 pièces.

75 — Que dit-on? — On ne dit rien. — Il faut en rire. — La Bienfaisance. — La Consigne. — Charge de cavalerie. *Lith. de Lasteyrie et de Delpech.* 6 pièces.

## CHASSELAT

76 — Vignettes in-8, pour les Mille et une Nuits, avant la lettre, papier de Chine. 20 pièces.

77 — Doubles des précédentes, sur chine volant. 15 p.

78 — Les Contes de Lafontaine. 26 pièces in-12, avant la lettre.

## CHEAUVEAU

79 — La Curieuse. 2 épreuves. — L'honnête Fripon, avant et avec la lettre, par Patas. 4 pièces.

## CHÉREAU (Chez), à Paris

80 — Les Sens. Jolie suite de 5 pièces. — L'Amour-propre. — *Cette beauté qui pour le chant.* En tout 7 pièces.

## CHODOWIEKI

81 — Les Adieux de Calas à sa famille. Les Adieux de Louis XVI à la reine. 2 pièces. Belles ép.

## CHOFFARD, BERNARD-PICART, etc.

82 — Vignettes mélangées. 20 pièces.

## CHRIST : WEIGEL (Chez les héritiers de) à Nuremberg

83 — Représentation des masques qui étaient à la célébration du mariage du Dauphin. Suite de 9 pièces numérotées.

## COCHIN (Ch. N.)

84 — La charmante Catin, par Madeleine Cochin. Très-belle ép.

85 — Lady Hervey, — Cl. Watelet. — J.-B. Pierre. — Comte de Tence. — De Valogni. — D'Alembert. — De Crébillon. — Louis-de-Silvestre. 8 portraits gravés par Watelet.

### COCHIN (Ch.-N.)

86 — Portrait de Mme Favart, par J.-J. Flipart. in-8. 2 épreuves.

87 — J. Vernet. — J.-M. Pierre de Mairan. — Renaut.— Ant. Louis. — Raynal. — Hollé. — Slodtz. — La Chalotais, etc. 12 port.

88 — J.-B. Descamps. — Saly. — Hue de Mérimesnil. — N. Hollé. — J.-B. Peronneau. — C. Parrocel. — Lalive de Jully. — J.-B. Nassé. — C.-P. Courton, etc. 13 port. gravés par Rousseau, Nicollet et autres.

89 — Le marquis de Harigny. — P.-J. Mariette. — C.-A. Jombert. — Dumont le Romain. — Prince de Turenne. — G. Courton, etc. 11 port. in-4., gravés par A. de Saint-Aubin.

89 *bis* — Trois petites Vues de Paris, en travers, gravées par J.-P. Lebas.

### COCHIN (D'après), le fils

90 — Illuminations de la rue de la Ferronerie, en 1739 et 1745. 2 pièces. Belles ép.

### CONDÉ

91 — Mlle Hilligsberg, dans le ballet du Jaloux puni, d'après Janvry. Très-belle épr. avant la lettre.

### COUTELLIER

92 — Mme Du Gazon. — Mlle Colombe, l'aînée. — Mme Julien. — Mlle Olivier. — Mlle Contat. — Carlin Bertinazzi. 6 portraits in-4. En couleur.

COYPEL (Charles)

93 — Adrienne le Couvreur, par Drevet, belle épr.

COYPEL (Charles)

94 — Mme de Mouchi en habit de bal, par L. Surugue. Très-belle épreuve.

95 — Testament d'une Dame en faveur de son Chat. — L'Amour enseignant l'art d'aimer, avant et avec la lettre. 3 pièces, par le comte de Caylus.

97 — Roland apprend par des Bergers la perfidie d'Angélique. — L'Amour de Ville et l'Amour de Village. — Les Quatre Saisons, etc. 18 pièces par divers.

COYPEL (Antoine), *sculp.*

98 — Satyre terrassé par deux Amours. Très-belle ép.

CUVILLIÉS (François)

99 — Morceaux de caprices à divers usages. 9 pièces en deux cahiers.

100 — Lambris, Tables, Serrurerie, etc. 24 pièces.

CALLOT (Jacques)

101 — La vie de l'Enfant prodigue (53-63), suite complète de onze estampes. Très-belles ép. avant les numéros.

102 — Jésus-Christ, la Vierge et les Apôtres (104-119), suite complète de seize estampes. Très-belles ép. avant les numéros.

103 — Saint Nicolas prêchant. — Saint Mansuet (140-141). deux pièces. Belles ép.

## CALLOT (Jacques)

104 — Les grandes Misères de la guerre (564-581), suite complète de dix-huit pièces. Superbes ép. du second état, avant l'adresse de Silvestre. Elles ont de très grandes marges.

105 — La même suite, onze pièces. Superbes épreuves du premier état avant les vers, *très-rares*. (M. 567-68-69-70-71-72-73-75-76-77-78).

106 — La Carrière ou la rue Neuve de Nancy (621). Superbe ép. du premier état. Elle est *signée Mariette* 1672.

106 *bis* — La même estampe, ép. du second état.

107 — Le Jeu de Boules, ou la Foire de Gondreville (523). Belle ép.

108 — La grande Foire de Florence, première planche (624).

109 — Les trois Pantalons (627-629). Belles ép.

110 — Balli di Sfessania (641 à 664), suite complète de vingt-quatre pièces. Très-belles ép. du premier état.

111 — Les Supplices (665). Très-belle ép.

112 — La Noblesse, suite complète de douze pièces (M. 673 à 684). Très-belles ép. du premier état.

113 — Les Gueux ou Mendiants (M. 685-709). Suite de vingt-cinq pièces.

114 — Vue de la Tour de Nesles et du Pont-Neuf (713). Très-belle ép. avant l'adresse de Silvestre.

115 — Les Gobbi (747-767), suite complète de vingt et une pièces. Très-belles ép. du premier état.

116 — Les Caprices (768-867), seconde suite, cinquante-deux pièces. Belles ép.

### CALLOT (Jacques)

117 — Les Fantaisies (868-881), suite complète de treize estampes. Belles ép. du premier état.

117 *bis*. — La même suite.

118 — Martyr des Apôtres, Vie de la Vierge, les Exercices militaires, Tentation de saint Antoine, Petites misères de la guerre, les Gobbi, Vues de Paris etc. Quatre-vingt-dix pièces.

### CAMPION et JANINET

119 — Petites Vues de Paris, imprimées en couleur quatorze pièces.

### CARMONTELLE

120 — Portrait en pied de M. de Buzenval. Belle ép.

### CARMONTELLE (D'après)

121 — Magdeleine Lamy, pensionnaire du roi. Belle ép.

### CARRACHE (Annibal)

122 — Vierge allaitant l'enfant Jésus, très-belle ép., avant le nom de Carrache et l'adresse de Ferdinand Doli. Coupée à l'ovale.

### CARRÉE (A.)

123 — Jacques-François Chereau assis dans son cabinet, d'après Le Prevost. Belle ép.

## DAGOTY

124 — Bienfaisance de la Reine. Grande pièce en manière noire.

## DAULLÉ

125 — Mlle Pelissier, d'après Drouais. Très-belle ép. avec l'adresse de l'auteur.

## DAULLÉ et DESPLACES

126 — Mlle Pelissier, d'après Drouais; Mlle Duclos, d'après de Largillière; deux portraits in-folio. Belles ép.

## DAVID

127 — Chasses, d'après Tempesta, neuf pièces.

## DEBUCOURT (P.-L.)

128 — Le Menuet. — La Noce au château. Superbes ép. avant toutes lettres, grandes marges. En couleur.

129 — Heur et Malheur, ou la Cruche cassée. Très-belle épreuve en couleur.

130 — Les Compliments du jour de l'an, les Bouquets, deux pièces faisant pendant. Belles ép. en couleur.

131 — Le Compliment, ou la Matinée du jour de l'an. En couleur.

132 — Almanach, très-belle ép. avant la lettre, en noir. Le portrait de Louis XVI, dans le médaillon du haut, a été coupé.

## DEBUCOURT (P.-L.)

133 — Heureuse Famille. En noir.

134 — Vignettes in-4°, pour le poème de Héro et Léandre. Suite de huit pièces en couleur. Très-belles ép.

135 — Recueil de têtes et coiffures modernes, à l'usage des jeunes personnes qui dessinent, suite de quatre pièces gravées à la manière du crayon et imprimées à la sanguine.

136 — Etudes d'après Rembrandt, deux pièces à la manière du crayon.

137 — Promenade au bois de Vincennes. — Anglais en habit habillé. Deux pièces en couleur.

138 — Les Ennuyés chez eux, (*intérieur du café Procope*), d'après Carle Vernet. Très-belle ép. avant la lettre.

139 — La jeune Femme. — La Femme et le Mari. Deux pièces en noir.

140 — Les deux Rivaux, très-belle ép. avant la lettre. En noir.

141 — La Manie de la danse, en noir. Coupée au trait carré.

142 — Les Joueurs de Boules, très-belles ép. en couleur.

143 — Route de Poissy. — Route de Poste, d'après Carle Vernet; deux pièces en noir.

## DEBUCOURT et autres

144 — Vingt-deux pièces.

## DECAMPS, HERSENT et autres

145 — Portraits et sujets lithographiés, vingt pièces.

### DELAFOSSE

146 — Cheminées, portes, trophées, vases, attributs, etc. Soixante-seize pièces.

### DELAFOSSE, NILSON et autres

147 — Trophées et ornements divers, vingt et une pièces.

### DE LARMESSIN

148 — Marie, princesse de Pologne, en pied, d'après Vanloo. Très-beau portrait in-fol.

### DELARUE (François) et autres

149 — Divers sujets au burin, à l'eau-forte et à l'aquatinte. Vingt-deux pièces.

### DELAUNAY

150 — François Le Bloij, d'après Roslin. Très-belle ép. in-fol.

### DELLA BELLA (D'après)

151 — Grandes pièces relatives à la connaissances du blason, devises, cris de guerre, marques et ornements extérieurs de l'escu de nos rois, de leurs enfants et des principaux officiers de leur couronne et de leur maison. *Très-rare.*

152 — Pièce allégorique sur l'astronomie. Très-belle ép. avec la signature de *P. Mariette* au verso.

### DEMARCENAY (Ant.)

153 — De Thou, avant la lettre. Très-belle ép.

## DEMARCENAY (Ant.)

154 — Le Maréchal de Villars. — Le Maréchal de Saxe. — Maximilien de Béthune. Trois pièces, très-belles ép.

155 — Portraits, paysages. Seize pièces.

## DEMARTEAU

156 — Têtes de femmes, d'après F. Boucher. Six pièces, à la sanguine.

157 — Sujets divers à la sanguine, d'après Boucher. Onze pièces.

158 — Pastorales à la sanguine, d'après Boucher. Neuf pièces.

159 — Premier et deuxième Livres de différents trophées. d'après Huet. Ensemble, huit pièces à la sanguine.

160 — Dix pièces à la sanguine, d'après Ch. Nicolas Cochin.

## DEMARTEAU et BONNET

161 — Dix-neuf pièces à la sanguine, d'apres Boucher, Leprince et Cochin.

## DEMARTEAU et SAINT-NON

162 — Etudes de Vénus, à la sanguine et à l'aqua-tinte, d'après Boucher. Cinq pièces.

## DEMORTAIN

163 — Le magnifique portail de l'église cathédrale de Notre-Dame de Rheims. Belle ép.

## DESCOURTIS

164 — Vue du port Saint-Paul et de la porte Saint-Bernard, d'après Demachy, deux pièces imprimées en couleur. Très-belles ép.

165 — Vue des Tuileries du côté du château. — Vue des Tuileries du côté du pont tournant, d'après Demachy. Deux pièces en couleur, encadrées.

## DESCOURTIS et autres

166 — Petites vues des Tuileries, etc. Quatre pièces en couleur.

## DESENNE (D'après)

167 — Six vignettes et un portrait pour les œuvres de Boileau; Burdet, Chollet, Ethiou, Jehotte, Pelée, *sculpt.*

## DESENNE et VERNET (Horace)

168 — Quatorze pièces pour Molière, y compris le portrait, quinze vignettes diverses. En tout, vingt-neuf pièces in-8.

## DESNOS (Chez le S.), à Paris

169 — Le Hasard du coin du feu. Etrennes chantantes ornées de figures avec tablettes économiques. Perte et gain, douze vignettes in-12, et le titre.

## DESNOYERS (L.-A. Boucher)

170 — La Vierge à la Chaise, d'après Raphaël. Très-belle ép., antérieure à celle connue avant la lettre, presque unique.

### DESNOYERS (L.-A. Boucher)

171 — Vénus désarmant l'Amour, d'après Robert Lefebvre. Belle ép.

### DE SON (N.)

172 — L'excelent frontispice de l'église de l'Abaye de Sainct Nicaise de Reims. Très-belle ép. avant l'adresse.

173 — Le somptueux frontispice de l'église Notre-Dame de Reims. Très-belle ép. avant l'adresse.

174 — La même pièce.

### DESRAIS

175 — Costumes divers, avant et avéc la lettre. Trente-quatre pièces.

176 — Vignettes in-4 pour les Confessions du Comte de ***. Suite de six pièces.

### DESRAIS et autres

177 — Coiffures diverses, vingt pièces.

178 — Costumes divers, cent vingt pièces.

### DESROCHERS

179 — Quatre-vingt-dix-huit Portraits de sa collection, pouvant servir à l'illustration. Très-belles ép.

### DETROY et autres

180 — Le Jeu de pied-de-bœuf. — Loth et ses filles, etc., vingt-huit pièces. Très-bon lot.

## DIVERS

181 — Portraits de personnages célèbres (hommes et femmes) du règne de Louis XIV.

182 — Portraits de personnages célèbres, des règnes de Louis XV et Louis XVI. Onze pièces.

183 — Portraits d'acteurs et d'actrices. Dix-sept pièces.

184 — On y va deux. — L'instant passé. — Les cris de Paris, etc. Douze pièces en couleur.

185 — Acteurs, actrices et danseuses, douze portraits in-8 et in-fol.

186 — Dix-sept portraits différents de Molière, in-12, in-8 et in-4.

187 — Scènes de la Révolution, sept pièces.

188 — Compositions d'après les Maîtres, pour l'Histoire universelle. Trente-six pièces.

189 — Vignettes in-8, pour les Mille et une Nuits. Cinquante-six pièces.

190 — Vignettes in-8, pour Don Quichotte. Quarante-quatre pièces.

191 — Portraits anciens et modernes. Trente et une pièces.

192 — Ornements de différentes époques. Vingt et une pièces.

193 — Guillaume de Brisacier, par Masson. — Nicolas de Livry, par Massard. — Fouquet de Belle-Isle, par J. G. Wille, etc. Onze portraits in-fol.

194 — Joseph Bullier. — Nicolas Ménager. — H. François d'Aguesseau. — Voyer de Paulmi. — Maurice de Saxe, etc. Dix-sept portraits in-fol.

## DIVERS

195 — Sujets gracieux tirés de la Mythologie. Cinquante-deux pièces.

196 — La Danse de l'ours. — La Danse du Peccata. — Les Amusements espagnols. — Les Approches de la guinguette, etc. Vingt pièces.

197 — La Chambrière instruite. — La Réflexion tardive. — La Perte irréparable, etc. Dix-sept pièces.

198 — Expériences aérostatiques. Cinq pièces.

199 — Vues, paysages, pièces historiques, sujets variés. Cent deux pièces.

200 — Vignettes mélangées, pouvant servir à l'illustration. Cent dix-neuf pièces.

201 — Portraits français et étrangers anciens et modernes. 39 pièces.

202 — Portraits français et étrangers anciens. 149 pièces.

203 — Portraits de personnages célèbres, hommes et femmes. 30 pièces.

204 — Portraits tirés de la Vie des peintres, de Decamps, des collections d'Odieuvre et Desrochers. 44 pièces.

205 — 42 pièces à la sanguine et à plusieurs crayons.

206 — 33 pièces en couleur et coloriées.

207 — Paysages d'après les Maîtres, 23 pièces.

208 — Sept pièces, très-belles ép. avant la lettre, tirées du Musée Bouillon.

209 — Estampes de différentes écoles. 5 pièces.

210 — Petites Pastorales pour un Almanach. Suite de 12 pièces coloriées.

211 — Almanach galant des costumes français les plus à la mode. Figures in-12 en pied. 18 pièces.

## DIVERS

212 — Douze petits Sujets gracieux pour un Almanach, sur une feuille.

213 — Cinquante Costumes in-12 en pied, dont 20 à l'eau-forte.

214 — Trente-quatre Sujets galants in-12, dont 12 à l'eau-forte.

215 — Le Quart d'heure des jolies Françaises, étrennes aux dames. — Les douze Mois de l'année, etc. 14 petits sujets pour un Almanach.

216 — Vingt-quatre Coiffures historiques pour un Almanach.

217 — Sujets variés. 18 pièces.

218 — Caricatures. 14 pièces.

219 — Un lot de 35 pièces anciennes et modernes.

## DREVET (Pierre)

220 — Hyacinthe Rigaud, d'après lui-même. Très-belle ép.

221 — Le même personnage. Très-belle ép.

## DROUAIS

222 — Mme Du Barry, par Beauvarlet. Sup. ép. avant la lettre.

## DUCERCEAU (Androuet)

223 — Petites Arabesques. 17 pièces.

224 — Fontaines et puits. 6 pièces.

## DUCERCEAU (ANDROUET)

225 — Divers ornements de feuillages, en forme de panneaux. 13 pièces.

226 — Arcs de triomphe, Vues d'optique, etc. 32 pièces.

## DUMOUCHEL

227 — Le Bain, — le Nourrisson, par E. Dupin. 2 pièces.

## DUPLESSIS-BERTAUX

228 — Les Contes de La Fontaine. Suite de 71 pièces et le portrait.

229 — Quarante-sept pièces de la même suite, avant la lettre; quelques-unes à l'eau-forte.

230 — Scènes de comédie, avant et avec la lettre. 28 pièces.

## DURAND-DUCLOS

231 — Marie-Louise, archiduchesse d'Autriche, par J.-F. Ribault. Très-belle ép.

## DURER (ALBERT)

232 — Jésus couronné d'épines. Titre de la grande Passion, sur bois (B. 4). Très-belle ép. Manque de conservation. — Le Mariage de la Vierge (B. 82). Très-belle ép. Rognée au trait qui entoure la composition. 2 pièces.

## DUTAILLY

233 — Le Colin-Maillard, — le Concert, Guyot *direxit.* 2 petites pièces en ovale, en couleur.

## EDELINCK (Nicolas)

234 — Jules Hardouin Mansart, d'ap. Vivien. Belle ép.

## EDELINCK, DE LORRAINE, VERMEULEN

235 — Crispin, d'après Netscher; Chanville, d'après Delorme; Mezetin, d'après De Troy. 3 portraits en pied, in-fol.

## EISEN (Ch.)

236 — Les trois Grâces. Très-jolie eau-forte du maître. Rare.

## EISEN (D'après Charles)

237 — Fleurons pour les Baisers de Dorat, suite de 47 pièces tirées avant le texte.

Le titre, la vignette du mois de mai, l'entête de l'Hymne au baiser, ceux des 12e, 14e et 18e baisers, ainsi que le cul-de-lampe du 20e manquent.

En tout, 40 pièces.

238 — Les Contes de Lafontaine, par Delongueil, Lemire et autres. 20 pièces in-8.

239 — Frontispice pour le catalogue de la bibliothèque de Madame la dauphine.

240 — La Gageure des trois commères, par Tardieu. Très-belle ép.

241 — Vignettes pour illustrations diverses. 75 pièces.

## ELLUIN (Chez), à Paris

242 — Marie Dumesnil, de la Comédie-Française. In-4. Belle ép.

## ERRARD et autres

243 — Dessins de vases, d'orfèvrerie, etc. 26 pièces.

## ESCOBARD et BATTARELLE

244 — J'ay une grande faim de vous revoir et de tout voir, *J.-B. Girard sc.* — Ma chère petite de trois ans, oubliez-vous et laissez faire, *Guioul sc.* London, 1730. 2 pièces en pendant, *très-curieuses et très-rares.*

## ESNAULTS et RAPILLY (Chez)

245 — Portraits des personnages ayant figuré dans le procès du Collier de la Reine. 11 pièces.

246 — Portraits de la comtesse d'Artois, de la comtesse de Provence, Louis XVI et Marie-Antoinette, Philippe d'Orléans, Necker et autres. 15 pièces.

## FAITHORNE et FALCK

247 — Samuel Collin et autre. 2 portraits in-fol., *rares.*

## FER (Chez ANTOINE DE)

248 — Le Fleuron royal de l'auguste maison de Bourbon. Grande pièce en deux feuilles. *Rare.*

### FICQUET (Étienne)

249 — De la Mothe Levayer. Sup. ép. avant les noms d'artistes.

250 — Le même portrait avec les noms. Très-belle ép.

251 — Jean-Jacques Rousseau, d'après Delatour.

252 — Françoise d'Aubigné, marquise de Maintenon, d'après Mignard. Très-belle ép.

253 — Voltaire, d'après Delatour. Très-belle ép.

254 — Michel de Montaigne, d'après Dumoustier. Très-belle ép.

255 — Jean Regnard, d'après Rigaud. — J.-J. Rousseau, d'après Delatour. — Mme de Maintenon, d'après Mignard. 3 portraits. Belles ép.

### FIESINGER

256 — Bonaparte, premier consul; Mirabeau, Desaix, Masséna, Kléber, etc. 12 portraits.

257 — Portraits de Députés à l'Assemblée nationale en 1789. 31 pièces.

### FRAGONARD (Honoré)

258 — Contes de Lafontaine, suite complète de 21 pièces avant les noms d'artistes, plus 2 eaux-fortes. En tout 23 pièces.

259 — L'Orage, gravé par Mathieu. Très-belle ép. avant la lettre.

260 — L'Oracle des Amants. Très-belle ép. avant toutes lettres.

261 — Le Baiser, par Marchand. Belle ép.

**FLAMEN** (Allert)

262 — Cinq pièces de la suite des Oiseaux et Vues diverses. 13 pièces.

**FRANÇOIS**

263 — Portraits de Louis XV et Marie Leczinska. 2 pièces imprimées en bistre.

**FREUDEBERG**

264 — Le Bain, — la Toilette, — la Visite inattendue, — la Promenade du matin, — les Confidences, — la Promenade du soir, — la Soirée d'hiver, — l'Evénement au bal, — le Coucher.

Ces neuf pièces, gravées par Romanet, Voyez l'aîné, Ingouf jeune, etc., font partie du Costume physique et moral au XVIIIe siècle.

265 — La Visite inattendue, — la Toilette, par Voyez l'aîné, — l'Occupation, par Lingée, — l'Événement au bal, par Duclos et Ingouf. 4 pièces pour le Costume physique et moral.

266 — Dix-sept pièces in-8 pour les Contes de la reine de Navarre.

**FURNE** (Publié par)

267 — Vignettes et Portraits sur chine pour le Consulat de Thiers. 60 pièces.

**GAILLARD**

268 — Jean-Baptiste Bertin, d'après Roslin. Très-belle ép. in-fol.

### GAILLARD (Chez)

269 — L'Apothéose de Louis XIV et les heureux prémices du règne de Louis XV. *Pièce curieuse.*

### GAUCHER et LEBEAU

270 — De Cossé, duc de Brissac. — Pierre Séguier, chancelier de France. 3 portraits in-8.

### GÉRARD (M^lle^)

271 — Le Bouquet inattendu, — la Lecture. 2 pièces faisant pendant. Très-belles ép. avant la lettre.

### GERMAIN (Pierre)

272 — Éléments d'orfévrerie, par Pasquier; seconde partie. 50 feuilles.

### GÉRICAUT

273 — Son Portrait, par Collin, — le Maréchal-ferrant, — les Boueux, — Mazeppa, — le Giaour, — Lara, — Lion dévorant un cheval, etc. 18 pièces.

274 — Grandes Lithographies publiées chez Gihaut. 9 pièces.

275 — Études de Chevaux. 20 pièces.

### GILLOT (C.)

276 — Fêtes de Diane, de Bacchus, du dieu Pan, de Faune. Suite de quatre pièces.

Très-belles épreuves avant les vers. Rares en cet état.

## GIRARD *sculp.*

277 — La Veuve du soldat, d'après A. Scheffer. Très-belle ép. avant la lettre.

## GRANTHOME (Jacques)

278 — Le Duc de Lorraine. *Grand Prince souverain, enrichy de Louenges*, etc. *P. Gordelle e.c.* Belle ép.

## GRANDVILLE (J.-J.)

279 — Le Lièvre et les Grenouilles. Eau-forte par le maître, avant la lettre. *Très-rare.*

## GRAVELOT et COCHIN

280 — Portraits de H. Gravelot,—C.-N. Cochin,—Jacques-Philippe Lebas,— Benjamin Delaborde, etc. 10 pièces in-4 et in-8.

## GREUZE (J.-B.)

281 — La petite Liseuse, par Marie Boizot. Très-belle ép.

282 — La jeune Fille à l'oiseau mort, par Flipart. Très-belle ép. avec les signatures des artistes au verso.

283 — Le Malheur imprévu, par Delaunay. Belle ép.

284 — Le Ramoneur,—la Servante congédiée, par Voyez. 2 pièces, très-belles ép.

285 — Divers habillements suivant le costume d'Italie, par Moitte. 18 pièces, y compris le titre; en plus, la vieille Gouvernante.

## GREVEDON

286 — Portraits des princes de la famille d'Orléans. 7 pièces.

## GRIMOUD et LA ROSALBA

287 — L'Espagnolette. — Le Pigeon, par Lépicié et M. Jeanne Renard du Bos. 2 pièces.

## GUÉRAIN

288 — Le Trente-un, ou la Maison du prêt sur nantissement, par L. Darcis. Très-belle ép.

## GUÉRARD (Chez)

289 — Pièce satirique sur les peintres.

## GUYOT

290 — Adam et Ève, d'après Bonnieu, en couleur. Belle ép.

## HÉRISSET (A Paris, chez)

291 — Recueil des différentes modes du temps (1729), suite de 12 pièces numérotées, plus 3 copies. En tout, 15 pièces.

## HERSENT (D'après)

292 — Les Contes de Lafontaine, suite de 9 pièces in-8, lithographiées par Chatillon et de Villeneuve.

## HESSE (H.)

293 — Marie-Caroline-Ferdinande-Louise, duchesse de Berry, par D. Audouin. Très-belle ép.

## HOLL, sculp.

294 — La Rose, — le Muguet, — Innocence, d'après A. Bouvier. 3 pièces. Très-belles ép.

## HOLLAR

295 — Publication de la paix entre l'Espagne et la Hollande, devant l'hôtel de ville d'Anvers.

## HOLLAR et autres

296 — Trois pièces des Saisons.—Portraits, etc. 10 pièces.

## HUBNER

297 — La Pharmacie rustique. Belle ép.

## HUET (Charles)

298 — Singeries. 8 pièces.

## HUET (J.B.)

299 — Le Colin-Maillard, à l'aquatinte. Très-belle ép. avant toutes lettres. *Rare.*

## INGRES

300 — L'Odalisque. *Lith. de Delpech.*

## ISABEY et autres

301 — Portraits d'Actrices. 19 pièces.

## JACQUART, ROUPERT, RENÉ BOIVIN

302 — Motifs d'ornementation. 11 pièces.

## JANINET

303 — Ah! le joli petit chien, et pendant, d'après Lawreince. 2 jolies compositions en couleur, coupées au trait carré et montées en dessins.

304 — L'Indiscrétion, — la Comparaison, d'après Lawreince ; cette dernière coupée au trait carré. 2 pièces en couleur.

305 — La Promenade au bois de Vincennes. En couleur coupée au trait carré.

306 — La Gimblette, d'après Lawreince. Très-jolie pièce, en couleur, avant toutes lettres.

307 — Ninon de Lenclos ; Gabrielle d'Estrées. 2 portraits imprimés en couleur. Belles ép.

## JANINET et DESCOURTIS

308 — Vues remarquables des montagnes de la Suisse. 75 pièces. En couleur.

## JANINET et GUYOT

309 — Vues des monuments de Rome, de Grèce, d'Athènes, etc. 43 pièces. En coulenr.

## JANINET et SERGENT

310 — Seize pièces en couleur et à la manière du crayon.

## JEAURAT (Étienne)

311 — Les heures dn jour par Balechou, jolie petite suite de 4 pièces.

312 — L'Accouchée. — Le Mari jaloux. — L'Amour petit maître. — La Jeunesse, par Lepicié et Balechou, 4 pièces.

313 — Les Éléments.— Les Sens. — Les Arts libéraux, etc. 29 pièces.

## JOHANNOT (Tony)

314 — Vignettes in-8 avant la lettre pour lord Byron, 12 pièces.

315 — Vignettes in-8, sur Chine, pour les œuvres de Victor Hugo. 61 pièces.

## JOHANOT (Alf. et Tony)

316 — Vignettes in-8 avant la lettre sur Chine, pour les œuvres de Walter-Scott. 17 pièces.

317 — Vignettes in-8, pour Châteaubriant, sur chine. 28 pièces.

## JUBIER

318 — L'agréable Exemple, d'après Carême. A plusieurs tons.

## LALIVE DE JULLY

319 — Saline de Bellegarde, d'après Rigaud. Très-belle épr.

## LANCRENON

320 — Nymphe surprise, par J. Bein. Très-belle épr. avant la lettre, sur chine.

## LANCRET (Nicolas)

(Pièces gravées par De Larmessin)

321 — La Servante justifiée.

322 — A Femme avare, galant escroc.

323 — Nicaise.

324 — Les Rémois.

325 — On ne s'avise jamais de tout.

326 — Le Faucon.

327 — Les deux Amis.

328 — Les Troqueurs.

329 — La même pièce.

330 — Les Oies du frère Philippe.

Ces dix pièces sont très-belles d'épreuve et de condition

331 — Les Quatre Ages, par Delarmessin. Très-belles épr. d'une jolie suite.

### LANCRET (Nicolas)

332 — Les Charmes de la conversation, par Petit.

333 — Mlle Camargo, par L. Cars. Belle ép.

334 — Quatre Pièces détachées de différentes suites.

### LANGLOIS (J.)

335 — Portrait de Mlle Crozat, in-8.
Deux épr. dont une avant la lettre.

### LASNE (Miceil)

336 — Charles, sire de Créquy et de Canaples, in-4. Très-belle ép.

### LASNE (Michel) et CALLOT

337 — Louis XIII à cheval. Belle ép.

### LASNIER

338 — Proverbes. Premier et deuxième livre. 8 pièces. *Rare.*

### LAURIN

339 — L'Anneau de Hans Carvel, par Aveline. — La Chose impossible, par De Sornique. 2 pièces. Très-belles ép.

## LAWREINCE

340 — La Consolation de l'absence, par N. Delaunay. Superbe ép. avant la lettre.

341 — Qu'en dit l'abbé? — Le Billet doux, par N. Delaunay. Sup. ép. avant la lettre, cette dernière un peu endommagée dans les armes du bas.

342 — Le Billet doux, épreuve d'eau-forte.

342 *bis*. — L'Assemblée au salon. — L'Assemblée au concert, par Dequevauviller. Sup. ép. avant la dédicace.

343 — Le Mercure de France, par Guttemberg. Belle ép.

344 — Le Déjeuner anglais, par Vidal. Très-belle ép. coupée au trait carré. *Rare en couleur*.

345 — Le Serin chéri. — Jamais d'accord, par Dnargle. 2 très-jolies pièces en couleur.

## LAWREINCE et SIMONAU

346 — On y va deux. — Il n'est plus temps, par Steph. Benossi. 2 pièces en pendant.

## LEBARBIER (D'après)

347 — Collection de 16 vignettes in-8 avant la lettre, pour le Roman comique de Scarron.

348 — Suite de 21 vignettes avant la lettre pour la Jérusalem délivrée du Tasse. On y a joint 12 eaux-fortes. En tout 33 pièces.

## LEBARBIER, LEBOUTEUX et SAINT-QUENTIN

349 — Vignettes in-8, pour les Chansons de Laborde. 31 pièces. On y a joint 9 eaux-fortes. En tout 40 pièces.

## LEBEAU, *del. et sculp.*

350 — Mlle Desbrosses, actrice de la Comédie-Italienne. Très-belle ép.

351 — Mlle Dutey, d'après l'Aîné, in-8. Très-belle ép.

352 — Mlle A. M. de Raucour, de la Comédie Française. — Autre par Crépy. 2 pièces.

353 — La faible Résistance ou le Verrou. — L'Amant victorieux, suite du Verrou, d'ap. Fragonard et Touzet. 2 pièces coloriées.

354 — La Partie d'œufs frais. — La Réalité du plaisir. 2 pièces.

355 — Faites la paix. — C'est inconcevable, etc. 3 pièces incroyables, tirées en rouge.

## LE BRUN

356 — La Liberté perdue, ou l'Amour couronné, par Dambrun. Très-belle ép. Grandes marges.

## LECLERC (Sébastien)

357 — Renouvellement de l'alliance entre la France et les Suisses. — Réduction de la ville de Marsal. 2 pièces.

## LECLERC (Jean)

358 — Son Portrait, dessinant, d'après lui-même, à l'aqua-tinte.

359 — Le beau Rosier. — La Tulipe cassée. Patron *sculp.* En couleur. 2 pièces.

360 — M. et Mme Laruette, par Elluin. 2 jolis portraits. Très-belles ép.

### LECLERC et DESRAIS

361 — Le Jeu de l'Escarpolette. — Les Baigneuses. — Le Cocu battu. — Le Moment présent. — La Déclaration d'amour. — La Protestation d'amour. 6 pièces coloriées.

### LELY (Pierre)

362 — Hortense Mansini, duchesse de Mazarin, par A. de Blois. Très-belle ép.

### LEPAUTRE (Ant.)

363 — Grandes Cheminées, grands et petits Vases, Plafonds etc. 96 pièces.

364 — Triomphe médallique à la mémoire de Charles, marquis de Rostaing. Grande pièce.

365 — Sacre de Louis XIV. 3 grandes pièces. Belles ép.

### LÉPICIÉ

366 — Catherine de Seine, d'ap. Aved; Charlotte Desmares, d'ap. C. C. 2 portraits in-fol. Belles ép.

### LE PRINCE

367 — Les Modèles, par de Longueil. Très-belle ép. avant la lettre.

368 — Suite de 10 Vignettes et un Portrait in-12, pour la Henriade de Voltaire.

369 — Les Sens, suite de 5 pièces gravées à l'aqua-tinte et tirées en bistre.

### LEROUX (J.-M.)

370 — Léda, d'ap. Léonard de Vinci. Très-belle ép. avant toutes lettres.

### LEU (Thomas de)

371 — François de Bourbon, prince de Conti. Belle ép.

372 — Henri de Lorraine, duc de Bar et Marquis du Pont. Très-belle épr.

### LEVACHEZ (Chez)

373 — Madame Récamier. Belle ép.

### LIOTARD (J.-E.)

374 — Alex[ine] Fatio, veuve de M. le syndic Pierre Lullin. Pièce gravée à l'eau-forte. *Rare.*

### LOMBART

375 — Portrait de Marie-Thérèse, d'ap. Beaubrun. Belle ép.

### LONGHI

376 — Le Déjeuner, la Toilette pour le bal. 6 pièces.

### LONGUEVILLE

377 — Sur Terre et sur Mer, caux-fortes, suite de 12 p.

## LORDON (D'après)

378 — Suite de 21 Vignettes et un Portrait in-8, pour Racine. P.-J. Simon, *sculp.*

## LOUTHERBOURG (P.-J.)

379 — La bonne petite Sœur. Belle ép.

## LUBIN

380 — Le Marquis de Humières, d'ap. Ferdinand. Très-belle ép. avant toutes lettres.

## LUNAUD

381 — Cahier de quatre pastorales, par Baquoy. Très-belles ép. d'une jolie suite.

## MALLET

382 — L'Education du chevalier de Faublas par la marquise de B***. — Déguisement du chevalier de Faublas. *A Paris, chez Augustin Legrand.* 2 pièces. Belles épr.

## MARATTI (Charles)

383 — Trois Pièces tirées du Nouveau Testament. Très-belles ép. avant le nom du maître.

## MARILLIER

384 — Entêtes et Fleurons pour les Fables de Dorat. 20 pièces tirées avant le texte.

385 — Entêtes et Fleurons divers. 28 pièces tirées avant le texte.

386 — Les Contes de La Fontaine, par Ponce, Courbe, Delvaux, etc., suite de 8 pièces in-8.

387 — Vignettes in-4 pour les Œuvres de J.-J. Rousseau. 27 pièces. Très-belles ép.

388 — Vignettes in-8 pour divers ouvrages. 43 pièces.

389 — Les Illustres Français, par N. Ponce. 13 pièces.

## MARILLIER, COCHIN, etc.

390 — Vignettes pour divers ouvrages. 78 pièces.

## MARILLIER, MONNET ET AUTRES

391 — Vignettes ayant trait à l'Illustration. 112 pièces.

## MARIN (Louis)

392 — Jeune Dame jouant de la guitare, d'ap. Leprince, en couleur.

## MARIN ET AUTRES

393 — The Pleasures of education. — The Milk Woman, etc. 15 pièces en couleur.

## MAROT (D.)

394 — Dessins de parterres, fontaines, etc. 36 pièces.

## MAROT (Jean)

395 — Le Dessin des Hôpitaux de Saint-Louis et de Saint-Roch, bâtis à Rouen en 1654.

396 — Vue des Eglises de Paris. 11 pièces. Très-belles ép. avec l'adresse de Van Merlen.

## MAUZAISSE

397 — Portraits de personnages célèbres français. 48 p. lithographiées.

## MEISSONNIER, CAUVET et LEPAUTRE

398 — Ornements divers. 10 pièces.

## MERCURY (P.)

399 — Sainte Amélie, d'ap. Paul Delaroche. Très-belle épreuve.

## MÉRIAN (M.)

400 — Le Bénédicité à table. Belle ép. d'une pièce curieuse pour les costumes.

## METZU

401 — La Guitare, par Ribault, très-belle ép. avant la lettre, sur chine.

### MIGNOT, ALDEGRAVER, DAUBIGNY

402 — Ornements pour orfèvres et joailliers, six pièces.

### MILLET (J.-F.)

403 — Scènes de la vie champêtre, gravées sur bois par Lavieille, sur chine. Quatre pièces.

### MODÈNE (Nicoletto de)

404 — Saint Nicolas réveillant trois jeunes filles. Pièce non décrite, *d'une excessive rareté*, collée en plein et très-avariée.

### MONNET (Charles)

405 — Episodes de la Révolution, par Helman. Huit pièces.

406 — Les Vœux du peuple confirmés par la Religion, par Née et Masquelier. Belle ép.

407 — Le Larcin. — L'Amour est de tout âge, Robillac *sculpt*. En couleur, deux pièces, belles ép.

408 — Tableaux historiques de la Révolution Française, quatorze pièces. Superbes ép. avant la lettre, elles ont toute leur marge.

409 — La même suite. Belles ép. avec la lettre.

### MONCORNET (B.)

410 — J. B. Comte de Guébriant, Armand de Bourbon, prince de Conty. Deux portraits équestres, belles ép.

411 — Ouvrage rare et nouveau, contenant plusieurs dessins de merveilleuse récréation, etc., inventé par le sieur Boutemie, orfèvre. Seize pièces curieuses et rares.

## MONCORNET, DARET, DELARMESSIN

412 — Portraits de personnages célèbres. Trente-huit pièces.

## MOREAU (Louis)

413 — Le Villageois entreprenant. — On y court plus d'un danger, par Germain et Patas, deux pièces.

## MOREAU, *sculp.*

414 — Vignettes in-8 pour les chansons de Laborde, suite complète de vingt-cinq pièces avant la lettre, on y a joint quatre copies. En tout vingt-neuf pièces. *Rare.*

415 — Tombeau de J.-J. Rousseau. Très-belle ép. du premier état, avant que la vieille femme à gauche ait été supprimée.

416 — Place Louis XV, jolie petite pièce à l'eau-forte.

417 — Ah! Madame, vous la voyez, d'après J.-B. Greuze, très-jolie petite pièce.

## MOREAU (J.-M. D'après)

418 — Déclaration de la grossesse, par Martini. — Les Précautions, par Martini. — J'en accepte l'heureux présage, par Trière. — N'ayez pas peur, ma bonne amie, par Helman. — C'est un fils, Monsieur, par Baquoy. — Les petits Parrains, par Baquoy et Patas. — Les Délices de la maternité, par Helman. — L'Accord parfait, par Helman. — Le Rendez-vous pour Marly, par Guttemberg. — Les Adieux, par Delaunay. — La Rencontre au bois de Boulogne, par Guttemberg. — La Dame du Palais de la Reine, par Martini.

Suite de douze estampes, très-belles épr. avant la lettre, pour le Costume physique et moral au XVIIIe siècle.

## MOREAU (J.-M. D'après)

419 — Les Précautions, par Martini.

420 — N'ayez pas peur, ma bonne amie, par Helman.

421 — Les petits Parrains, par Baquoy et Patas.

422 — L'Accord parfait, par Helman.

423 — Les Adieux, par Delaunay.

424 — La Rencontre au bois de Boulogne, par Guttemberg.

425 — Le Lever, par Halbou, deux épreuves.

426 — La petite Toilette, par Martini.

427 — La partie de Wisth, par Dambrun. Deux ép.

428 — Oui ou non, par Thomas.

429 — La petite Loge, par Patas.

430 — Le Souper fin, par Helman.

Ces quatorze pièces sont également avant la lettre en très-belles épreuves. Elles seront vendues séparément.

431 — Déclaration de la grossesse. — Les Précautions. — J'en accepte l'heureux présage. — N'ayez pas peur, ma bonne amie. — C'est un fils, Monsieur ! — Les petits Parrains. — Les Délices de maternité. — L'Accord parfait. — Le Rendez-vous pour Marly. — Les Adieux. — La Rencontre au bois de Boulogne. — La Dame du Palais de la Reine.

Cette première partie du Costume Physique et Moral, numérotée de 13 à 24 inclusivement, est avec le privilége et la date.

431 *bis* — C'est un fils, Monsieur. — Le Lever. — La grande Toilette. — Le Seigneur chez son fermier. — Les Précautions. — Le Rendez-vous pour Marly. — La Rencontre au bois de Boulogne. — Les petits Parrains. — Déclaration de la grossesse.

Onze pièces dont quatre avec le privilége et l'année.

**MOREAU** (J.-M. D'après)

432 — Le Lever, La petite Toilette, la grande Toilette, les Petits Parrains, etc. Dix pièces.

433 — Seconde suite d'estampes, pour servir à l'Histoire des Modes et du Costume en France dans le XVIIIe siècle, année 1776. Suite de douze vignettes in-12, plus sept avant la lettre. En tout dix-neuf pièces,

434 — Doubles de la même suite. Vignt-trois pièces.

435 — Le Couronnement du buste de Voltaire sur la scène du théâtre-Français, par C. S. Gaucher. Très-belle ép. avant la lettre, les noms d'artistes à la pointe.

436 — La même pièce, avec la lettre, troisième état.

437 — Pièce allégorique représentant le buste de Louis XV, couronné d'étoiles par la Renommée. Le peuple attache au piédestal le médaillon de Bailly; au deuxième plan, Lafayette, porté en triomphe, dans le fond démolition de la Bastille. Dambrun *sculp. Très-rare.*

438 — Portrait de Lafontaine, par Lemire, pour l'édition in-8 des Fables en vers gascons. Très-belle ép. *Très-rare.*

439 — Exemple d'humanité donné par madame la Dauphine, le 16 octobre 1773, par Godefroy. Très-belle ép.

440 — Melpomène présente à Marie-Antoinette l'opéra de Métastase, par Leveau. Très-belle ép.

441 — Les Grâces, par divers, suite de six pièces et le titre, in-8.

442 — Les Bienfaits du sommeil, ou les quatre rêves accomplis, par Delaunay. Charmante suite in-8 de cinq pièces, y compris le titre. *Très-rare.*

443 — Figures in-4 pour Rousseau. Très-belles ép., trente pièces.

## MOREAU (J.-M. d'après)

444 — Estampes destinées à orner les Œuvres de Voltaire, pour l'édition de Khel, in-8. Cent huit pièces, très-belles ép. Complet.

445 — La Henriade, in-4, par divers. Suite complète de dix pièces et le portrait.

446 — La Pucelle, in-8. Suite complète de vingt et une pièces, remontées comme chine.

447 — Suites de Vignettes et Portraits pour les œuvres de Voltaire, édition Renouard. Suite complète de cent soixante pièces, plus vingt portraits supplémentaires, en tout cent quatre-vingt pièces. Complet.

448 — Vignettes in-8 pour Molière, Voltaire, Gresset, etc. Cent six pièces avant la lettre. Collection Renouard.

449 — Suite de vingt vignettes et deux portraits pour les Œuvres de Molière. *Edition Renouard.*

450 — Les Contes de Lafontaine, par Pigeot, Delvaux, Delignon, etc. Suite complète de neuf pièces.

451 — Collection de quatorze vignettes in-8, pour les Œuvres de Montesquieu, par Chaudet, Peyrou, etc.

452 — Vignettes pour divers ouvrages. Quarante-neuf pièces.

453 — Vignettes pour illustrations. Quatre-vingts pièces.

## MOREAU, EISEN, MARILLIER ET AUTRES

454 — Vignettes pour divers ouvrages. Cent huit pièces.

455 — Pygmalion, scène lyrique. — Les Amours de Mirtil, etc. Vingt-huit pièces.

## MORELAND (D'après)

456 — The Thea garden. Grande pièce imprimée en couleur.

## MORIN

457 — Charles de Valois. — Nicolas de Neufville, d'après Ph. de Champaigne. Deux pièces.

## MORISSON, VICO (E.) ET AUTRES

458 — Décorations intérieures. — Joailleries, etc. Onze pièces.

## MORRET (J.-B.)

459 — Napoléon Ier, empereur des Français et roi d'Italie, d'après Garnerey. Portrait imprimé en couleur.

460 — Bonaparte Ier Consul, d'après Appiani. Portrait, imprimé en couleur.

## MOUCHET (*A Paris, chez*)

461 — L'Illusion, pièce gracieuse.

## NANTEUIL (Robert)

462 — Les quatre Evangélistes. Très-belle ép. du deuxième état (R. D. 7). *Rare.*

463 — Jacques Marquis de Castelnau. (R. D. 58). Très-belle ép.

## NANTEUIL (ROBERT)

464 — Marie de Bragelone, veuve de Claude le Bouthillier, quatrième état. (R. D. 57.) Jean Fronteau, première épreuve avant l'impression au verso. (R. D. 99). Deux pièces.

465 — Jean Loret. Très-belle épr. du 3e état (R. D. 150).

## NATTIER (D'après)

466 — Madame Henriette de France (le Feu) par Tardieu ; madame Marie-Louise-Victoire de France (l'Eau), par Gaillard, deux pièces, belles ép.

467 — La Justice et la Prudence, deux pièces gravées par Vidal. Belles ép.

## NICOLLE, *del. et sculp.*

468 — Vue du feu d'artifice tiré à l'Hôtel-de-Ville à l'occasion de la naissance de Monseigneur le Dauphin, le 21 janvier 1782. — Vue extérieure de la salle préparée pour le festin, à la même occasion. Deux pièces.

## OCTAVIEN

469 — Jeune Femme assise dans un parc, jouant avec son chien. Très-belle ép. *Rare.*

## ODIEUVRE

470 — Portraits des personnes illustres de l'un et l'autre sexe. Cinq cent soixante-quatre portraits in-8.

471 — Cinq cent quarante-quatre portraits de la même collection, avec l'adresse d'Odieuvre effacée.

## OPPENORT

472 — Premier livre de différents morceaux à l'usage de tous ceux qui s'appliquent aux beaux-arts, gravé par Huquier. Six pièces.

## ORLÉANS (Philippe d'), Régent

472 *bis* — Les Amours pastorales de Daphnis et Chloé. Suite complète de vingt-neuf pièces in-8.

## OSTADE (Adrien Van)

473 — Le Marchand de lunettes, ép. tirée avant les travaux à la pointe sèche produisant l'effet de la manière noire. Elle est doublée et manque de conservation.

## PATER

474 — La Matrone d'Ephèse, par Fillœul. Très-belle ép.

475 — Le Baiser donné. — Le Baiser rendu, par Fillœul. Deux pièces. Belles ép.

476 — Les Aveux indiscrets, *chez Delarmessin*. Très-belle ép.

477 — Les Plaisirs de l'été, par L. Surugue. Belle ép.

478 — Le Dénicheur de moineaux, par Claude du Bosc.

## PÉLICIER, *sculp.*

479 — Allégories, pièces historiques, etc. Douze pièces avant la lettre.

## PÉQUÉGNOT

480 — Ornements, vases et décorations. Deux cent soixante-cinq pièces.

## PÉRIER (Chez)

481 — Monseigneur le Dauphin chassant. Pièce curieuse. belle ép.

## PÉRIGNON ET AUTRES

482 — Vues avant la lettre, pour le voyage de Delaborde. Cinquante-trois pièces.

483 — Cent trente-sept planches avec la lettre, du même ouvrage.

## PETIT

484 — Marie-Thérèse de Hongrie, d'après Martin de Meytens. Très-belle ép. in-fol.

## PHOTOGRAPHIES

485 — Les Baigneuses, d'après Monvoisin. Deux pièces.

## PICART (B.)

486 — Concert dans un parc, pièce intéressante pour les costumes. Très-belle ép.

## POILLY

487 — Allégories sur Louis XIV et monseigneur le Dauphin. Deux pièces, belles ép.

## POILLY (Chez)

488 — Almanach, époque Louis XIV, 4 pièces. Belles ép.

## PORPORATI

489 — Vénus qui caresse l'Amour, d'après Pompé Battoni. Belle ép.

## POUSSIN (Nicolas)

490 — La Sainte Famille, par de Poilly. Très-belle ép. avant la lettre.

## PRUD'HON (P.-P.)

491 — La Grotte par Roger, très-belle ép. avant la suppression de la tablette.

492 — Le premier Baiser de l'amour, par Maria; avant la lettre. — Daphnis et Chloé. — Abrocome et Anzia. — Aminta, plus cinq pièces par Copia, pour l'Emile de Rousseau. En tout neuf pièces.

493 — Daphnis et Chloé. — Abrocome et Anzia, etc., quatre pièces.

494 — Une Famille malheureuse. Très-belle ép.

495 — Une lecture. *Lith. C. Motte*, belle ép. sur chine.

## QUEVERDO

496 — Le Déserteur. — Adieu, chère Louise, etc. — Le Peuple, vive le roi, etc. Trois pièces.

497 — Vignettes diverses, dix-neuf pièces.

## RAFFET

498 — Combat d'Oued-Aleg. — Le Drapeau du 17me léger. — Le Rêve, etc. Six pièces.

499 — Expédition de Rome, trente-six planches. Très-bel exemplaire sur chine.

## RAIMONDI (Marc-Antoine)

500 — La Vierge allaitant l'enfant Jésus (B. 61). Répétition du n° 60, sans le saint Joseph. Superbe ép. doublée, les quatre angles restaurés.

## RANSON ET AUTRES

501 — Décorations intérieures, Meubles, etc. 11 pièces.

## RAVENNE (Marc de)

502 — L'Annonciation, d'après Raphaël. Très-belle ép. d'une pièce rare.

## REGNAULT, *inv. et sculp.*

503 — Le Lever. — Le Bain, d'après Baudouin. 2 charmantes compositions en couleur. Très-belles ép. avant toutes lettres. *Très-rares.*

504 — Les mêmes pièces avec la lettre. Très-belles ép.

## REMBRANDT (Paul)

505 — La Vierge et l'Enfant Jésus sur des nuages (Cl. 65). Belle ép.

506 — Le Bon Samaritain. Belle ép. du 4e état (Cl. 94).

507 — Le Retour de l'Enfant prodique (Cl. 95). Belle ép.

508 — Gueux assis au bas d'un mur (Cl. 170). Belle ép.

509 — La Chaumière entourée de planches. Très-belle ép. du 2e état (Cl. 279). Le cintre du haut coupé. Restaurée dans la partie gauche du ciel.

510 — Wtenbogardus. Très-belle ép. du 3e état (Cl. 276).

511 — Vieillard à grande barbe (Cl. 288). Belle ép.

512 — La Samaritaine. — Le Repos en Egypte. — La Mère de Rembrandt, etc. 10 pièces. Anciennes ép.

## REYNOLDS

513 — Mme Grassini dans le rôle de Zaïre, d'après Mme Lebrun. Très-belle ép.

## RIGAUD (J.)

514 — Différentes Vues du Château de Versailles. 24 pl. Belles ép.

## ROMANET et LEVÊQUE

515 — Mme Julie de Villeneuve.—Mme de Graffigny. 2 portraits in-4. Belles ép.

### ROTTHENAMER

516 — Diane et Actéon, par Beauvarlet. Sup. ép. avant la lettre. Toutes marges.

### SAINT-AUBIN (Aug. de)

517 — Le Bal paré. — Le Concert. Magnifiques ép. avant toutes lettres. *Très-rares de cet état.*

518 — Le Bal paré, avec la lettre. Belle épreuve.

519 — Jupiter et Léda, d'apr. Paul Véronèse. Très-belle ép. avant la lettre.

520 — M^me^ Joly. Très-belle ép. avant toutes lettres. François-René Molé, d'après E. Aubry. 2 pièces.

521 — Linguet Necker. De La Motte-Piquet, etc. 12 port. in-4.

### SAINT-JEAN

522 — Dame de qualité, déshabillée pour le bain. Belle épreuve.

### SAINT-NON

523 — Deux très-jolies eaux-fortes en pendant, d'ap. Benard, tirées du cabinet de M. de La Live de Jully. 3 pièces du cabinet Choiseul, par Patas, d'ap. Pater. En tout 5 pièces.

### SCHÉNAU (Jean-Eléasar)

524 — Achetter mes pettites Eau-forttes, 1 à la 12e. Charmante suite de 4 pièces.

525 — La même suite.

## SCHÉNAU (Jean-Éléasar)

526 — Portrait de Mlle Clairon, par Littret. Belle ép.

527 — Costumes et Sujets divers. 18 pièces.

## SCHMUTZER

528 — Mme Bodin, première danceuse du Théâtre Impérial. 1re ép. avant le nom et avec la faute au mot *danceuse*.

## SÉLIS ET AUTRES

529 — Vignettes pour Molière, Lafontaine, etc. 40 pièces.

## SERGENT

530 — Valentin Haüy, instituteur des enfants aveugles, d'ap. Mme Favart. Portrait imprimé en couleur.

531 — M. Necker, d'après Duplessis. Portrait imprimé en couleur.

## SILVESTRE (Israel)

532 — Perspective de la Ville de Paris. Vue du Pont des Tuileries en 1630. Grande pièce rare et belle ép.

533 — Vues de Paris, dont : Les Tuileries, la Galerie du Louvre, le Couvent des Augustins, le Cours de la Savonnerie, le Palais-Cardinal, l'église Saint-Victor, l'Hôtel-de-Ville, la Maison de M. de Bretonvilliers, la Place-Royale, etc. 27 pièces. Belles ép. La plupart ont de grandes marges.

### SILVESTRE (Israel)

534 — Vues des Châteaux de Meudon, Fontainebleau, St-Germain, Ansy-le-Franc, Bury, Madrid, Pont-en-Champagne, Chavigny, Duverger en Anjou, Richelieu, etc. 45 pièces. Belles ép.

535 — Perspective de la ville de Lyon, représentée en six planches de six aspects différents, mise au jour par Robert Pigout. Suite de 7 pièces, y compris le titre. *Rare.*

536 — Vues de Rome et d'Italie. 66 pièces. Belles ép.

### SIMPSON, *sculp.*

537 — L'Ambigu, d'après Nuivley, pièce gracieuse, en couleur.

### SMITH

538 — The Mirror. Pièce gracieuse. En couleur.

### STRANGE (Robert)

539 — Libéralité et Modestie. — Vénus parée par les Graces, d'après Guido Reni. 2 pièces. Très-belle ép.

### SURUGUE

540 — Mme Silvia, de la Comédie-Italienne. Très-belle ép. avant toutes lettres.

### TASSAERT

541 — La Nuit du 9 thermidor an II et le 31 mai 1793. 2 grandes pièces. Belles ép.

### TAVERNIER (Chez)

542 — La statue équestre de Henri le Grand sur son piédestal. Grande et belle pièce avec la légende explicative. Rare.

### TETELIN, STOKLMAN

544 — Motifs et Groupes d'enfants. 9 pièces.

### TITIEN (D'après)

545 — Vénus. John Boydell *exudit*, 1781. Belle ép.

### TOCQUÉ (Louis)

546 — Louis, Dauphin de France, en pied, par H. Thomassin. Belle ép. Tachée.

### TORTOREL

547 — Guerres de religion. 12 pièces.

### TORTOREL et PÉRISSIN

548 — La prise de Valence en Dauphiné. Colloque tenu à Poissy. Le Duc de Guise assassiné par Polhot de Merée. 3 pièces. Belles ép.

### TOUZZÉ

549 — Marie-Antoinelte en pied, par Duflos. Très-joli portrait in-4. Avant la lettre.

### TRESCA, *sculp.*

550 — Les Croyables au Péron. Pelle ép.

### MEULEN (Van der)

551 — Entrée de la Reine dans Arras, en l'année 1667, par R. Bonnart. Belle ép.

### VANLOO (Carle)

552 — Madame de Pompadour en jardinière, par J.-L. Anselin. Superbe ép., avant la lettre, les noms d'artistes à la pointe.

553 — Mademoiselle d'Oligny, actrice, par J.-J.-J. Huber. Superbe ép., avant la lettre, les noms d'artistes à la pointe.

### VAUQUERS

554 — Ornements d'orfévrerie. 9 pièces. Belles ép., à toutes marges.

### VENDRAMINI (J.)

555 — Sainte Famille, d'après Paul Véronèse. Très-belle ép., avant la lettre.

### VÉNITIEN (Augustin)

556 — Motifs d'Arabesques. 3 pièces. Belles ép.

### VERNET (P.)

557 — Promenade du soir, avant et avec la lettre ; L'Officier en promenade du midi. 3 pièces par Lebas.

### VICO (Aénée)

558 — L'Ensevelissement du Christ, d'après Raphaël. Très-belle ép. d'une pièce excessivement rare. La marge est ajoutée.

### VINKELES ET AUTRES

559 — 13 pièces sur la Révolution.

### VISSCHER (Corneille)

560 — Jacob Westerbaen. Très-belle ép. d'un portrait in-8.

### VLEUGHELS

561 — Frère Luce.

562 — Le Bast.

563 — La Jument du compère Pierre.

Ces trois pièces sont gravées par De Larmessin. Très-belles ép.

### VOUILLEMONT

564 — La Diseuse de bonne aventure. — *Voyez ce vieux Pénard, etc.*, gravé par J. Isaac. 2 pièces, belles ép.

## WATTEAU

565 — Les Agréments de l'été, par Jacques de Favannes. Superbe ép. Grandes marges.

566 — Les Entretiens badins, par B. Audran. — Le Conteur par C.-N. Cochin, et autre. 3 pièces.

567 — *Du Bel âge ou les Jeux remplissent vos désirs*, par J. Moyreau. Superbe ép.

568 — Fêtes vénitiennes, par Lau. Cars. Très-belle ép.

569 — La Danse paysanne, par B. Audran. Très-belle ép.

570 — *Voulez-vous triompher des Belles*, par Thomassin. Très-belle ép. Toutes marges.

571 — Entretiens amoureux, par Liotard. Très-belle ép.

572 — La Contredanse, par Brion. Belle ép.

573 — L'Indiscret, par Aubert. Très-belle ép.

574 — La Perspective, par Crépy. Très-belle ép.

575 — Les Comédiens français, par Liotard. — Les Comédiens italiens, par Baron. 2 pièces. Superbe ep.

576 — L'Amour au Théâtre français, par C.-N. Cochin. Belle ép.

577 — Départ des Comédiens italiens en 1697, par L. Jacob. Très-belle ép.

578 — Louis XIV mettant le cordon bleu à Monsieur de Bourgogne, par N. de Larmessin. Très-belle ép.

579 — Diane au bain, par P. Aveline. Très-belle ép.

580 — Le Passe-Temps, par B. Audran. Superbe ép.

581 — La Partie carrée, par J. Moyreau. Très-belle ép., elle a une restauration vers le milieu de l'estampe.

582 — The Island of Cytherea, par V.-M. Picot. Ep. coupée au trait carré et collée en plein.

## WATTEAU

583 — Feste bachique, par J. Moyreau. — La Balanceuse, par Lebas. Arabesques en hauteur. 2 pièces.

584 — Les Singes de Mars, par J. Moyreau, arabesque en hauteur. — La Cause badine, par le même, arabesque en travers. 2 pièces.

585 — Arabesques divers. 5 pièces.

586 — Costumes tirés du livre de Boucher. Premières épr., avant les fonds. 17 pièces.

## WILLE (Jean-Georges)

587 — Le Tambour des Gardes. Très-belle ép. avant la lettre.

588 — L'Instruction paternelle, Agar présentée à Abraham, les Soins maternels, les Délices maternels. 4 pièces.

## WIERIX (Jérome)

589 — *Monstra te esse matrem.* Superbe ép.

## WOERIOT (Pierre)

590 — Sujets de la Bible, 18 pièces. Très-belles ép. Rares.

## WOOLLETT

591 — Vues de Palais, Maisons, Parcs, etc. 8 pièces.

## WORLIDGE (J.)

592 — Vue intérieure et réunion dans l'Université d'Oxford. Grande pièce curieuse.

## WORTHINGTON, *sculp.*

593 — Portraits des souverains d'Angleterre, sur chine, pour les Œuvres de Shakspeare. 36 pièces. Complet.

594 — Portraits différents de Shakspeare. 10 pièces.

---

594 *bis.* — Sous ce numéro seront vendus plusieurs lots non catalogués.

# DESSINS

## ANONYME

595 — Eventail sur peau de vélin. A l'aquarelle, rehaussé d'or.

596 — Vues de Vevey et d'Arth, en Suisse. 2 dessins à l'encre de Chine.

597 — Le Château de Nantouillet. Beau dessin à l'aquarelle.

598 — Marie-Louise, à mi-corps.

599 — Joséphine, à mi-corps.

600 — Madame de Récamier, d'après Gérard, à mi-corps.

Ces trois dessins, au crayon noir et au bistre, sont d'une grand finesse d'exécution.

## BATTONI (P.)

601 — Le cardinal Piccolomini, aux trois crayons. — Croquis au crayon noir rehaussé de blanc. Deux dessins.

## BAUDET-BAUDERVAL

602 — M^me de Pompadour. A l'aquarelle.

## BORNET

603 — La Journée champêtre. Suite de sept dessins au bistre et à l'encre de Chine.

## BOUCHARDON

603 *bis* — Projet d'une statue de Louis le Grand. Dessin à la plume, lavé. Très-terminé.

## BUNBIRY

604 — La Rencontre des incroyables. A la sépia. Beau dessin.

## CASTELLAS (Adélaïde)

605 — Portrait de Femme. A la mine de plomb. Très-beau dessin.

## CICÉRI

606 — Chaumières au bord d'un chemin. A la sépia.

## CRANACH (Lucas)

607 — Portrait d'une jeune Femme sous les traits de la Charité. Au crayon noir et à la sanguine.

## DAUBIGNY et RIVOULON

608 — Treize dessins à la mine de plomb, pour Silvio Pellico.

**DAVID** (Attribué à JULES)

609 — Un Album gr. in-4 obl. contenant vingt-cinq dessins à l'aquarelle. Costumes de la Restauration.

**DIVERS**

610 — Les Décrotteurs artistes. — Départ pour Frascati. — Soirée des Champs-Élysées. — Le Jeu de Longue-Paume, etc. 10 dessins pour le *bon genre* et autres. A l'aquarelle.

611 — Motifs d'ornementation. 10 dessins au bistre.

612 — Vingt-trois Dessins variés.

613 — Vues de Suisse. 15 dessins à l'aquarelle et à la gouache.

**DUPRE**

614 — Vue prise en Italie. A la sépia.

**ÉCOLE FRANÇAISE, XVIe SIÈCLE**

615 — Bustes de femmes demi-nature. Au crayon noir et à la sanguine. 2 dessins.

**ÉCOLE FRANÇAISE, XVIIe SIECLE**

616 — Buste de femme demi-nature. Au crayon noir et à la sanguine.

**EISEN** (CHARLES)

617 — Huit Dessins à la mine de plomb, sur peau de vélin, pour un recueil de poésies.

## EVERDINGEN

618 — Paysage au bord d'une rivière. A l'aquarelle.

## FRÈRE (Théodore)

619 — Un Album oblong contenant 161 croquis à la mine de plomb, pour *la Touraine de Bellangé*, publié vers 1836. Très-belle réunion.

## GIRARDET

620 — Claude de Lorraine, premier duc de Guise. A la mine de plomb. *Col. Gavard.*

621 — Antoine Coiffier, marquis d'Effiat, d'ap. Gigoux. A la mine de plomb. *Col Gavard.*

## GOIS

622 — Motifs d'enfants pour culs-de-lampe. A l'encre de Chine. 2 dessins signés et datés.

## GOSSE

623 — Le fleuve Scamandre. A la sépia. — Le petit Chien qui secoue des pierreries, par un anonyme. 2 dessins.

## GRANDVILLE (J.-J.)

624 — Six Dessins à la plume, pour Robinson.

## GRANET

625 — Vue de la tour de Néron et du couvent de saint Dominique, à Rome. — Palais de Beatrix Cenci, à Rome. — Saint François à Fulignan. 3 dessins à la sépia. Signés.

### GUEMIED

626 — Théodore Gaza. A la mine de plomb. *Col. Gavard.*

### HEIDER (Van der)

627 — Habitation au bord d'une rivière. Dessin très-terminé, à la sanguine.

### HOLBEIN (Hans)

628 — Balance tenue par un bras couvert d'armures; l'un des plateaux contient divers attributs de papes, d'évêques, etc.; dans l'autre, une tête de mort, plusieurs ossements sont épars sur une table. Beau dessin à deux tons, rehaussé d'or.

### HUBERT-CLERGET

629 — Vue du lac de Thoune. A la mine de plomb, légèrement lavé à l'aquarelle.

### ISABEY (Eugène)

630 — La comtesse de La Valette. Croquis pris sur les bords de la mer. Deux dessins à la mine de plomb.

### LAGNEAU

631 — Grosse Femme vue de face, tenant une cruche. Beau dessin à plusieurs crayons.

### LEBARBIER

632 — Bacchanale. Dessin in-8 à la plume lavé d'encre de Chine.

## LEPRINCE

633 — Costumes de femmes en pied. 2 dessins à la sanguine.

## LIGORIO

634 — Trois Femmes, leur enfant sur les bras, puisant de l'eau à une fontaine. Beau dessin au bistre.

## MARILLIER (E.-P.)

635 — Entourage à la mine de plomb, sur peau de vélin, pour un portrait de profil aux deux crayons, dans la manière de Cochin.

## MASSARD

636 — Louise-Marie-Adelaïde, duchesse d'Orléans. A la mine de plomb. *Col. Gavard.*

637 — Joséphine, impératrice. A la mine de plomb. *Col. Gavard.*

## MAUZAISSE (D'après)

638 — Urbain de Montmorency-Laval, marquis de Bois-Dauphin. A la mine de plomb. *Col. Gavard.*

## MEISSONNIER

639 — Le Dante en pied, vu de profil et dirigé vers la droite. Beau dessin à l'aquarelle.

Ayant appartenu à M. H. Brown.

## MINIATURES DU XIIIe SIÈCLE

sur peau de vélin.

640 — Le Christ représenté dans différentes phases de sa vie. D'une grande finesse d'exécution d'une conservation parfaite.

641 — Le Christ en croix. — Le Saint-Esprit descendant sur les apôtres en forme de langue de feu. 2 charmantes compositions d'une grande finesse et richement ornementées.

642 — Huit Feuilles détachées d'un bréviaire. Lettres ornées, entourées d'ornements variés.

## MONNET

643 — Jeune Femme assise, d'ap. Lawreince. A l'aquarelle.

## NILSON (J.-E.)

644 — Louis XVI. Très-beau portrait à la mine de plomb.

## OMMEGANCK (Ph.)

645 — Études de chèvre et de cheval. 2 dessins au crayon noir lavés d'encre de Chine.

## REMBRANDT (Paul)

646 — Jésus au milieu de ses disciples. A la plume, lavé d'encre de Chine.

### REMBRANDT (Paul)

647 — Vieillard à grande barbe, coiffé d'un haut bonnet; il est assis et vu presque de face. A la plume, lavé de bistre.

648 — Le Chevrier. A la plume, lavé d'encre de Chine.

### ROSIER

649 — Vues prises en Italie. 2 dessins en rond, à l'encre de Chine.

### ROWLANDSON

650 — Coup de vent sur une plage. A l'aquarelle. Signé.

### SAINT-AUBIN (Aug. de)

651 — Vénus Anadyomène, d'ap. le Titien. Très-beau dessin à la mine de plomb et à la sanguine.

### SAINT-AUBIN (Gabriel)

652 — Esquisse, d'ap. nature, de l'ancien Marché aux fleurs, quai de la Mégisserie, près le Pont-Neuf et la Samaritaine, au moment où deux femmes se querellent à coups de poing, en présence de trois racoleurs qui rient de leurs positions.

Beau dessin à la sanguine, rehaussé de blanc, signé et daté 1776.

### SANDOZ

653 — François-Annibal duc d'Estrées, d'ap. Langlois. Au crayon noir. *Col. Gavard.*

### SCHMID (Franz)

654 — Vues de Suisse. 3 beaux dessins à l'aquarelle.

### TASSAERT

655 — Trois Portraits d'actrices aux crayons noir et de couleur.

### VERNET (Carle)

656 — Ecuyer et Ecuyère dans un cirque. 2 beaux dessins à l'aquarelle. Signés.

### VILLERET

657 — Le Portail de la cathédrale d'Amiens. Beau dessin à l'aquarelle.

### WAILLY (Ch. de)

658 — Vue intérieure du Panthéon, grand et beau dessin l'encre de Chine.

### WILLE (P.-A.), fils

659 — Le Miroir. Beau dessin à la plume, lavé à l'encre de Chine et à l'aquarelle.

Signé et daté 1768.

660 — Un Album, in-fol. obl. couvert en soie, contenant 11 dessins chinois représentant divers châtiments en usage chez ce peuple. Ces dessins sont exécutés sur papier de Chine.

660 *bis* — Les Dessins omis.

# RECUEILS, LIVRES A FIGURES

661 — Cinquante vues de Rome, par Sadeler. 1 vol. obl. petit in-fol. rel. veau.

662 — Recueil de vues de Venise, réunies en un volume in-4, obl. contenant 35 pl. rel. v. marb.

663 — Méthode et Invention nouvelle de dresser les chevaux, par le prince Guillaume, marquis et comte de Newcastle, orné de plus de 40 fig, par Lucas Vorstermans d'ap. les dessins de *Abr*. à Diépenbeke. 1 vol. in-fol.

664 — Livre d'Emblèmes, fig. par Crispin de Passe, MDCXIII. 1 vol. in-8, rel. v.

665 — Autre livre d'Emblèmes, par le même. 1 vol. in-8, cart.

665 *bis* — Joannis Mevrsi. Gvlielmi Avriaci. *Lvgduni Batavorvm, apud Isaacvm Elzevirium*, cIↃ IↃ C XXI. Très-bel exemplaire, rel. peau vél.

— Hugo Grotius de Veritate Religionis christianæ. *Amstelodami, ex Officinâ Elzeviriana*, cIↃ IↃ LXXV. Bel exemplaire, rel. veau.

— Danielis Heinsii. Herodes infanticida, tragœdia. *Lvgd. Batavorvm, ex Officina Elzeviriana*, cIↃ IↃ C XXXII. Cart.

— Joh. Cloppenbvrgi de Fœnore et Vsvris brevis institvtio, cum ejusdem Epistola ad Cl. Salmasivm. *Lvgd. Batav. Ex Officinâ Elseviriorum*, cIↃ IↃ C XL.

— Joannis Seldeni I.C. de Dis Syris Syntagmata II. *Lvgdvni Batavorvm, ex Officinâ Bonaventuræ et Abrahami Elsevir. Acad. typograph.* Anno cIↃ IↃ C XXIX. Rel. v.

— Philostrati Lemnii sophistae Epistolae quaedam, partim nunquam, partim auctiores editae, Joannes Mevrsivs Primus vulgavit, et adjunxit. *Lugdvni Batavorvm, ex Officinâ Lvdovici Elzevirii.* Anno cIↃ. IↃ C. XVI. Cart.

— Procli Diadochi Paraphrasis in Ptolemaei Libros IV. *Lugd. Batavorvm, ex Officinâ Elzeviriana.* cIↃ IↃ C XXXV. Rel. v.

— De Vsvris Liber, Claudio Salmasio auctore. *Lvgd. Batavor., ex Officinâ Elseviriorum.* cIↃ IↃ C XXXVIII. Rel. v.

— C. Jvlii Caesaris quae exstant, cum selectis variorum commentariis, quorum plerique novi, opera et studio Arnoldi Montani. *Amstelodami, ex Officinâ Elzeviriana.* Anno 1661. Rel. v.

— Renati Des-Cartes Principia philosophiae. *Amstelodami, apud Danielem Elzevirium.* Anno cIↃ IↃ C LXXII. Rel. v.

— L. Cœlii Lactantii Firmiani divinarvm institutionvm Libri VII. *Antverpiae, ex Officinâ Christophori Plantini,* M. D. LXX. Rel. v.

— Historia S. Gertrudis, operâ et impensâ Josephi Geldolphi a Ryckel. *Bruxellae, ex Typographeis Godefridi Schouartij.* Anno 1637. *Avec figures*, rel. peau de vél.

Ces douze volumes seront vendus séparément.

666 — La Vie des peintres, sculpteurs et architectes, par Georges Vasari. *Boulogne;* 1681. 3 vol. in-4, vel, fig. sur bois.

667 — Histoire du Vieux et du Nouveau Testament, enrichi de plus de 400 fig. en taille douce, etc. *Amsterdam.* MDCC. 2 vol. in-fol. rel. v.

668 — La Vie des peintres flamands et hollandais, fig. par Houbraken. Amsterdam ; 1721. 3 vol. in-8, rel. v. marb.

669 — La Vie des peintres flamands et hollandais, fig. par Houbraken. In Sgravenhage MDCCL. 2 vol. in-8, rel. v.

670 — Médailles sur les principaux événements du règne entier de Louis-le-Grand, avec des explications historiques. *Paris,* MDCCXXII. Très-bel exemplaire in-fol. rel. mar. rouge, aux armes de France, tr. dor.

671 — Discours sur le Vieux et le Nouveau Testament, par Jacques Saurin, avec fig. gravées sur les dessins de Hoet. Houbraken et Picart. *A la Haye cez Pierre de Hondt* MDCCXXVIII. Papier Roial. Très-bel exemplaire en 6 vol. in-fol. demi-rel.

672 — Œuvres de maître François Rabelais, avec figures gravées par Bernaerts d'après L. F. Dubourg. *Amsterdam* MDCCXLI. Très-bel exemplaire, 3 volumes in-4. rel. v. marbré tr. dor.

673 — Acajou et Zirphile, conte par Duclos de l'Académie française, fig. de François Boucher. *A. Minutie* M. DCC. XLIV. 1 vol. in-4. rel. veau.

674 — Les magnificences de Rome antique et moderne, par P. Guiseppe Vasi. *Rome* MDCCXLVII. 46 planches.

675 — Les plus intéressantes vues de la Cité de Rome antique et moderne. Gravé par Vari Autori, au nombre de 100. 1 vol. in-4. cart.

676 — Nouveau recueil de vues de Rome antique et moderne, par Piranèse et autres. 21 planches, incomplet. 1 vol. in-fol. broché.

677 — Nouveau livre d'Ecriture, représentant naïvement toutes les plus rares curiosités des lettres financières et italiennes bastarde à présent à la mode en ce royaume. *Dédié au Roy.* Escrit et gravé par S. Senault. *A Paris chez M. F. Poilly, rue Saint-Jacques à l'image de saint Benoît avec privil.* in-fol. oblong broché.

678 — École de dessin, recueil de 162 estampes par Blœmart en superbes épr. Magnifique exemplaire, mar. r., t. dor., relié par Hardy. *Très-rare.*

679 — Règles des cinq ordres d'architecture de Jacques Barozzio de Vignole. Vignettes et Cartels dessinés et gravés par Babel. *A Paris chez Jacques Chereau.* M. DCC. XLVII. Très-bel exemplaire in-4. *Collection Robert Dumesnil.* Rel. veau.

680 — L'Académie de l'art admirable de la lutte représentée en 71 estampes par Romain de Hooge. Amsterdam 1764. 1 vol in-4. rel. veau.

681 — Les Mois, par Lebrun. Suite de 12 estampes en un vol. gr. in-8, car.

682 — Un Volume représentant : des boutons, colliers, agrafes, bouquets de diamants et pierres précieuses, par Mlle Raimbau. 79 planches. Complet.

683 — Les Métamorphoses d'Ovide, en latin et en français, gravées sur les dessins des meilleurs peintres français, par les soins des sieurs Lemire et Basan, graveurs. MDCCLXVII, 1re édition. 4 vol. in-4 ; rel. veau, tr. dor.

684 — Les Métamorphoses d'Ovide, par Petit Bernard. Manque cinq feuillets.

685 — Le Temple de Gnide, avec figures gravées par Le Mire, d'ap. les dessins de Ch. Eisen. Le texte gravé par Drouët. *A Paris ; chez Le Mire.* 1772. 1 vol. gr. in-8, rel. veau, tr. dor.

686 — Œuvres de Molière, avec des remarques grammaticales; des avertissements et des observations sur chaque pièce, par M. Bret. *Paris*, MDCCLXXIII. Très-bel exemplaire en 6 vol. in-8 avec figures, d'ap. J.M. Moreau le jeune; rel. veau fauve, tr. dor.

687 — Sacre et Couronnement de Louis XVI. Enrichi d'un très-grand nombre de figures en taille douce, gravées par Patas. *A Paris; chez Patas*, MDCCLXXV. Magnifique exemplaire. in-4. Belle rel. en maro. rouge, aux armes du France.

688 — Recueil de cartes géographiques, plans, vues et médailles de l'ancienne Grèce, relatifs au voyage du jeune Anacharsis. *Paris*, MDCCLXXXIX. 1 vol. in-4, rel. veau.

689 — La Sainte-Bible, contenait l'Ancien et le Nouveau Testament, traduite en français sur la Vulgate, par M. Le Maistre de Saci. Très-belle édition ornée de 300 figures, gravées d'ap. les dessins de Marillier. *Paris*; MDCCLXXXIX, 12 vol. in-8, cart. n. rog.

690 — La Gerusalemme liberata, di Torquato Tasso; seconda édizione di Monsieur. fig. de Charles-Nicolas Cochin. 2 vol. gr. in-4, rel., veau marb., tr. dor.

691 — Nouveau Recueil de 170 vues ds Rome. *Rome 1795*. 1 vol. gr. in-8. cart.

692 — Œuvres poissardes de J.-J. Vadé, suivies de celles de l'Ecluse; Très-bel exemplaire ornée de 4 fig. imprimées en couleur, *de l'imprimerie de Didot le jeune. A Paris*. l'an VI. — 1796. in-fol. rel. veau marbré.

693 — Les Bains de Diane, ou le Triomphe de l'amour. Poëme, par M. Desf... Figures de Marillier. in-8, rel. veau.

694 — La Peinture, poëme en trois chants, par M. Le Mierre. fig. de Cochin. *A Paris; chez le Jay*. 1 vol. in-8, rel. veau.

695 — Le Décaméron de Jean Boccace, avec vignettes et culs-de-lampe d'ap. Gravelot. Très-belle et première édition en 5 vol. avec le paraphe au verso des ép. du premier vol. rel. v. marb. tr. dor.

696 — Les Nouvelles Françaises, par M. d'Essieux. fig. d'ap. Binet, Desmaisons, Desrais, Martini. 3 vol. in-8 rel. v. mar.

697 — Recueil des plus belles vues de Rome antique et moderne, dessinées et gravées par Giuseppe Vasi. 2 vol. petit in-fol. cart.

698 — La France, par tableaux géographiques et statistiques. Publié sous la direction de M. le baron Bory de Saint-Vincent. in-fol. *Paris*, 1844.

699 — Les Monuments de la France classés chronologiquement et considérés sous le rapport des faits historiques et de l'étude des arts, par le comte Adre de Laborde. Les dessins fait d'ap. nature par MM. Bourgeois et Bance, etc., etc. *A Paris de l'imprimerie de P. Didot l'aîné*, MDCCCXVI. 2 vol. gr. in-fol d. rel. plats en toile chag.

700 — Arrondissements de Toul et de Nancy, cartes, plans et dessins, par E. Grille de Benzelin, in-fol, en feuilles.

701 — Le Rhône, description historique et pittoresque de son cours, depuis sa source jusqu'à la mer, par M. Sauvan. 12 vues gravées à l'aquatinte d'ap. les dessins de Maxi, de Meuron et Milbert.

702 — Histoire des Monuments, anciens et modernes de la ville Bordeaux par Aug. Bordes. 38 pièces

703 — Recueil des principales vues de Rome, dessinées d'ap. nature et gravées par Dominico Amici. *Rome;* 1835. 40 pl. réunies en 1 vol. obl. cart.

704 — Album des Bords de la Loire, composé de cinquante magnifiques gravures sur acier tirées sur papier de Chine par MM. Rouargue frères. *Paris;* 1756, vol. obl. cart. toile Maroq.

705 — Album Vénitien composé de 12 vues lithographiées par W. Wyld et E. Lessore. *Venise*; 1837. vol. in-fol. obl. cart.

706 — Les Bords du Rhin, 13 lithographies coloriées imitant l'aquarelle. 1 vol. gr. in-fol. cart.

707 — Les Rives de la Loire, vues lithographiées par Deroy. 1 vol. in-fol. in-4, obl. cart.

708 — Titres de Romances, par Jules David. 79 lithographies réunies en un vol. obl. cart.

709 — Titres de Romances, par Grenier Jules David et Deveria. 86 lithographies réunies en un vol. obl. cart.

710 — Album de Venise, dessiné par V. Chilone et gravé par Aliprandi, en 22 pl. 1 vol. petit in-fol. cart.

711 — Venise, ses principaux monuments déssinés d'après nature et lithographiés par A. Rouargue. *A Paris, chez Mme Ve Delpech.* 1 vol. gr. in-fol., cart.

712 — Le grand Canal de Venise, recueil de vues coloriées. 1 vol. in-fol. oblong, cartonné.

713 — Plans et Vues d'Italie. 1 vol. in-4, cart.

714 — Illustrations des passages des Alpes par lesquels l'Italie communique avec la France, la Suisse et l'Allemagne, par William Brockedon. London, M.DCCC.XXVIII. 2 vol. in-4, cart.

715 — Vues de la Haye et de ses environs, recueil de 25 pièces lithographiées réunies en un vol. petit in-fol. oblong, cart.

716 — Vues de la Suisse, recueil de 70 pièces, gravées et lithographiées coloriées avec soin. Un vol. petit in-fol. obl., cart. Toile chagrinée.

717 — Souvenirs des Eaux de Baden-Baden et des environs, déssinés d'après nature et lithographiés par J. Jacottet. Un album obl. in-fol., cart.

718 — Vues de Turquie, lithographiées et photographiées. 1 vol. in-fol. obl. dem.-rel., plats en toile chag.

719 — Portraits des personnages français les plus illustres du XVIe siècle reproduits en *fac-simile*, sur les originaux dessinés aux crayons de couleur. 2 vol. in-fol., dem.-rel. mar. rouge. 48 portraits, par J. Niel.

720 — Collection des nouveaux costumes des autorités constituées civiles et militaires sous le Directoire. 27 p. coloriées.

721 — Costumes suisses des 22 cantons, dessinés d'après nature et tithographiées par Yves. 1 vol. in-fol. obl., cart.

722 — Galerie royale de Costumes lithographiés et coloriés. 2 vol. gr. in-fol. demi-rel., plats en toile maroq.

723 — Costumes militaires français; lithographiés à la plume par Charlet. 23 pièces numérotées de 1 à 24; manque le n° 2. *Très-rare.*

724 — Les Artistes du Théâtre Français, recueil de 70 planches lithographiées par A. Colin et coloriées avec le plus grand soin. 1 vol. in-fol., cart.

725 — La Calerie des Artistes dramatiques de Paris. Dessins d'après nature par M. Alex. Lacauchie, avant la lettre. 88 p. lithographiées.

726 — Galerie dramatique. Lithographies par Lacauchie, 211 pièces coloriées.

727 — Galerie théâtrale. Collection de portraits en pied. et en costume des principaux acteurs des premiers théâtres de Paris. 97 pièces. En couleur.

728 — Defaits de différentes suites. 56 pièces.

729 — Costumes de théâtre, de 1600 à 1820. Dédiés à M. le Baron de Laferté, intendant des théâtres royaux, par Hippolyte Lecomte. Suite de 104 pièces. Le n° 58 manque.

730 — Mélanges de Caricatures réunies en un vol, obl., gr, in-8, d.-rel.

731 — Ah! quel plaisir de voyager. — L'art d'engraisser et de maigrir à volonté. — Pincez-moi à la campagne. — Les Tatonnements de Jean Bidoux, par Cham. 4. vol. gr. in-4, cart.

732 — Recueil de lithographies, par E. de Beaumont, Cham, H. Daumier et Ch. Vernier. Ensemble 39 p. réunies en un vol. in-fol., cart.

733 — Croquis des bals publics et bals masqués de Paris, par les dessinateurs du *Charivari*. 1 vol. in-fol., cart.

734 — Le Bon Genre, recueil de 115 planches réunies en 1 vol. petit in-fol. obl., cart.

735 — Le Costume parisien. 121 pièces.

736 — Choix de Tableaux et Statues des plus célèbres Musées et Cabinets étrangers. Ouvrage destiné à servir de complément aux *Annales du Musée de France*, publiées par C.-P. Landon. 8 livraisons en feuilles.

737 — Tableaux, Statues, Bas-reliefs et Camées de la Galerie de Florence et du Palais Pitti, dessinés par Wicar, peintre, et gravés sous la direction de C.-L. Masquelier. *Paris*, an XII (1804). 4 vol. in-fol. réunis en 2. Demi-rel.

738 — Ornements, vases et décorations d'ap. les maîtres, par Péquégnot. 4 vol. in-4, cart. Contenant ensemble 200 planches.

739 — Iconographie des contemporains, depuis 1789 Jusqu'à 1820, lithographiée par Mauzaisse. A Paris, chez Delpech. in-fol. en feuilles.

740 — Galerie de Rubens, dite du Luxembourg; ouvrage composé de 25 estampes en couleur. Paris, de l'imp. de Crapelet, M.DCCC.IX. 1 vol. gr. in-fol. rel. maroq. rouge.

741 — Napoléon et ses Contemporains, suite de gravures d'après Charlet. Deveria, Grenier, Dessenne, Steube, A. Scheffer, publiée par Auguste de Chambure. 1 vol. in-4, rel. mar. viol. tr. dor.

742 — Fêtes données à Leurs Majestés Impériales et Royales, par la ville de Strasbourg. Figures de B. Zix. 1 vol. in-fol. rel. mout. mar.

743 — Voyage pittoresque de l'Oberland bernois, publié par G. Lory fils et Neuchâtel, en Suisse. *Paris*, imprimerie de J. Didot l'aîné, M.DCCC.XXII figures coloriées. 1 vol. in-fol., d.-rel.

744 — Portraits des personnages illustres de la cour de Henri VIII, gravés en *fac-simile*, d'après les dessins originaux de Hans Holbein. London, 1828. 1 vol. petit in-fol. d.-rel., dos et coins en mar. rouge, tr. dor.

745 — Vues de Grèce, par H. W. Williams Esq. London M.DCCC.XXIX. 1 vol. in-4. rel. v. fanv.

746 — Nouvel Herbier de l'amateur, par Loiseleur-Deslongchamps, figures par Mme Deville. Paris, 1830, 5 livraisons, en feuilles.

747 — Vues d'Italie, coloriées. 1 vol. in-fol. obl., cart. 1833.

748 — Dictionnaire pittoresque d'histoire naturelle et des phénomènes de la nature, par F.-E. Guérin, avec planches gravées par M. Beyer, sur les dessins de M. de Sainson, dessinateur du voyage de l'Astrolabe. *Paris*, 1833. 9 vol., gr. in-4, cart.

749 — Galeries historiques de Versailles, dédiées à S. M. la Reine des Français, par Ch. Gavard. *Paris*, M.DCCC.XXX.VIII. Très-bel exemplaire en 10 vol. in-fol., d.-rel.

750 — Recueil des principales Vues de Rome, dessinées d'après nature et gravées par Gaetano Cottafavi, année 1843. 1 vol. in-fol. oblong., cart.

751 — Œuvres complètes de Raphaël Sanzio. Gravures au trait. Paris, Didot. M DCCC XLIV. 4 vol. gr. in-4, d.-rel. v. fauv.

751 *bis* — Nouvelles et seules véritables Aventures de Tom Pouce, imitées de l'anglais par P.-J. Stahl. Vignettes par Bertall. In-8 sur papier de Chine. *Paris*, *Hetzel*, 1844. 4 exemplaires brochés.

— Le Diable à Paris, — Paris et les Parisiens, — les Gens de Paris, — Séries de gravures avec légendes par Gavarni, — Paris comique, vignettes par Bertall. In-4 sur papier de Chine. *Paris*, *Hetzel*, 1845. Superbe exemplaire broché.

— Œuvres choisies de Gavarni : Fourberie des femmes en matière de sentiment. — Clichy. — Paris le soir. In-4 sur papier de Chine. *Paris*, *Hetzel*, 1846. 5 exemplaires brochés.

— Œuvres choisies de Gavarni : Les Enfants terribles, — Traduction en langue vulgaire, — les Lorettes, — les Actrices. In-4 sur papier de Chine. *Paris*, *Hetzel*, 1846. 5 exemplaires brochés.

— Paris marié; philosophie de la vie conjugale par H. de Balzac, commentée par Gavarni. In-8 sur papier de Chine. *Paris*, *Hetzel*, 1846. 4 exemplaires brochés.

— Aventures merveilleuses et touchantes du prince Chènevis et de sa jeune sœur, par Léon Gozlan; vignettes par Bertall. In-8 sur papier de Chine. *Paris*, *Hetzel*, 1846. 3 exemplaires brochés.

— Monsieur le Vent et Madame la Pluie, par Paul de Musset; vignettes par Gérard Seguin. In-8 sur papier de Chine. *Paris*, *Hetzel*, 1846. 3 exemplaires brochés.

Il n'a été tiré de chacun de ces ouvrages que six exemplaires. Ils seront vendus séparément.

752 — Floral Tableaux; Drawn and Coloured by James Andrews. London, M DCCC XLVII. 1 vol. petit in-fol. cart., tr. dorée.

753 — Galerie des représentants du peuple (1848). Assemblée nationale, Recueil de 46 portraits lithographiés et imprimés sur chine. 1 vol. in-fol. cart.

754 — Musée de Sculpture antique et moderne, ou description historique et graphique du Louvre et de toutes ses parties, par le Comte F. de Clarac. Paris, imp. royale, 1841 à 1853. 6 vol. gr. in-8, brochés, et 6 vol. in-fol. estampes. Très-bel exemplaire, grand papier.

755 — Les Galeries publiques de l'Europe, par M. J.-G.-D. Armengaud. Rome. *Paris*, MDCCCLVII, in-fol. d.-rel. mar. bl. plats en toile, tr. dor.

756 — Un an à Rome et dans ses environs, recueil de dessins lithographiés par Thomas. Paris, Didot, 1 vol. in-fol,, d.-rel. mar. vert.

757 — Musée de Versailles ou Tableau de l'Histoire de France. Paris, Furne et C^e^, MDCCCLVIII. 1 vol. gr. in-4, d.-rel. maroq. rouge, plats en toile, tr. dor.

758 — Dictionnaire raisonné de l'Architecture française, du XI^e^ au XVI^e^ siècle, par M. Violet-le-Duc, architecte. 9 vol, in-8. Les 5 premiers, d.-rel., dos mar. r. Les 4 derniers brochés.

759 — Dictionnaire raisonné du Mobilier français de l'époque Carlovingienne à la Renaissance, par M. Violet-le-Duc, architecte. Paris, Bance, MDCCCLVIII. Très-bel exempl., d.-rel., dos mar. r.

760 — Paysages et Chasses de Pierre-Paul Rubens, dessins par F. Fourmois, et J. Van Severdonek, publiés par Charles Muquard. 36 pl. sur chine. Bruxelles, 1858. 1 vol. gr. in-fol. d.-rel., mar. rouge.

761 — La Gazette des Beaux-Arts, courrier européen de l'Art et de la Curiosité, depuis sa création (1er octobre 1859) jusqu'au 1er juin 1869. Très-bel exemplaire en 27 vol. gr. in-8, cartonnage toile. Grand papier de Hollande non rogné, depuis le 1er juillet 1865.

762 — L'Art dans ses diverses branches chez tous les peuples, par Jules Gailhabaud, 20 livraisons. Paris, 1861-1862.

763 — Le Livre rouge, histoire de l'échafaud en France, ouvrage orné de 50 portraits. Dupray de la Mahérie éditeur. Paris, 1863. 1 vol. petit in-fol., cart.

764 — Les Jardins, histoire et description. Tours, Mame et fils. MDCCCLXVII. 1 vol. in-fol., cart., toile rouge.

765 — Album de sujets religieux gravés sur acier, par F. Ludy, d'après les dessins de L.-J. Hallez. Tours, 1868. 1 vol. pet. in-fol., d.-rel., tr. dor.

766 — Sonnets et Eaux-Fortes. MDCCCLXIX. Alphonse Lemerre éditeur. 1 vol. pet. in-fol., cart., toile rouge.

767 — Le Moyen âge et la Renaissance, par Paul Lacroix; Illustrations par Ferdinand Seré et A. Rivaud. Très-bel exemplaire en 5 vol., d.-rel., dos et coins mar. vert.

768 — Les Arts au moyen âge et à l'époque de la Renaissance, par Paux Lacroix. Paris, Didot, 1869. 1 vol. in-4. Belle d.-rel. mar. r., plats en toile.

769 — Les Contes de Perrault illustrés par Gustave Doré. Paris, Hetzel 1869. 1 vol. in-fol., d.-rel., mar. rouge, plats en toile maroquinée, tr. dorée.

769 *bis*. — Le même ouvrage cart., toile r. mar.

770 — Les Arts au moyen âge, en ce qui concerne principalement le palais Romain de Paris, l'hôtel de Cluny issu de ses ruines, et les objets d'art de la collection classée dans cet hôtel, par Alex. du Sommerard. 5 vol. de texte, gr. in-8, et 5 vol. de gravures gr. in-fol., d.-rel.

771 — Les Vierges de Raphaël, gravées par les premiers artistes français. *Paris, Furne et Perrotin, éditeurs.* Suite de 12 estampes avec texte explicatif. 1 vol. gr. in-fol., d.-rel., plats en toile mar.

772 — Les Chefs-d'Œuvre de la peinture italienne, par Paul Mantz, avec 20 chromolithographies, par F. Kellerhoven. Un vol. in-fol., cart., toile verte.

773 — Les Idylles du Roi, par Alfred Tennyson, illustrées par Gustave Doré. 1 vol. in-fol. cart., toile rouge mar.

774 — Les Femmes de Goethe, dessins de W. de Kaulbach. Paris, Hachette, MDCCCLXX. 1 vol. in-fol., d.-rel., plats en toile chag., tr. dor.

775 — Album du grand Journal. 300 dessins sur bois. 1 vol. in-vol. in-fol. cart.

776 — Voyages pittoresques et romantiques dans l'ancienne France, par M. G. Taylor, Ch. Nodier et Alph. de Cailleur. Bretagne. *A Paris, librairie de Gide et C*[e], 91 livraisons. — Bourgogne. *A Paris, A. F. Lemaître, éditeur.* 45 livraisons. Ces deux séries sont complètes.

RENOU et MAULDE, imprimeurs de la Compagnie des Commissaires-Priseurs, rue de Rivoli, 144. 1456

## SUPPLÉMENT AU CATALOGUE

DE LA VENTE

# D'ESTAMPES

**Des 11, 12, 13 et 14 Avril 1870**

## ESTAMPES

**BOILLY** (Louis)

777 — Le Prélude de Nina, par Alexandre Chaponnier. Très-belle ép. avant la lettre.

**CHARDIN** (J.-B. Siméon)

778 — *Simple dans mes désirs, etc.* — *Sans souci, sans chagrin, etc.*, par C. N. Cochin. 2 p. faisant pendants. Très-belles ép.

779 — Le Négligé ou Toilette du matin, par Lebas. — Le Bénédicité, par Lépicié. 2 p., très-belles ép.

## DIVERS

780 — Petite Galerie dramatique ou recueil de différents costumes d'acteurs des théâtres de la capitale, de 1806 à 1842. *Paris*, *Martinet*. Collection de 1,637 pl. coloriées. Manque les n$^{os}$ 255, 256, 520 et 521. *Très-rare.*

781 — Huit cent quatorze Dessins originaux à l'aquarelle, de cette collection.

## FESSARD (*Sculp.*)

782 — La Cage symbolique. Très-belle ép. avant la dédicace.

## GÉRICAULT

783 — Le Marchand de poissons et autres, 3 lithog. à la plume. Rares.

## HUET (J.-B.)

784 — La Chaufferette renversée, par Bonnet. Pièce gracieuse en couleur, rognée au trait carré.

785 — La Déclaration, par Demarteau. Très-jolie pastorale en couleur.

786 — L'Amour messager, par le même. En couleur.

## LANCRET (Nicolas)

787 — *Veux-tu d'une inhumaine, etc.*, par S. Silvestre. Très-belle ép. avant toutes lettres.

### VAN SCHUPPEN

788 — *Domine, ad quem ibimus? Verba vitæ æternæ habes. Joan. 6. 69*, d'après Ph. de Champagne. Très-belle ép.

# DESSINS

### GHEZZI DI ROMA

789 — Sainte Famille. Beau dessin à la plume.

### ROSIER

790 — Vues et Paysages. 8 dessins lavés à l'encre de Chine.

791 — Vues et Paysages. 4 dessins lavés à l'encre de Chine.

### SAINT-AUBIN (Aug. de)

792 — Sacrifice à l'Amour. Beau dessin à la mine de plomb.

Renou et Maulde, imprimeurs de la Compagnie des Commissaires-Priseurs, rue de Rivoli, 144. 1456

www.ingramcontent.com/pod-product-compliance
Ingram Content Group UK Ltd.
Pitfield, Milton Keynes, MK11 3LW, UK
UKHW020335180726
13839UKWH00002B/722

9 782329 519418